ヨイショの技法

大人の人間関係をつくる方法

グループ・ニヒト

草思社文庫

はじめに

みなさんの「ヨイショ」のイメージとはどんなものでしょう。

とある会社の廊下。のしりのしりと歩く腹の出た社長につきまといながら、部長が指紋のすり切れるほどの揉《も》み手。

「いやいや、社長！　さすがでございますなあ！」

おそらくこんな感じではないでしょうか？　実際、社会人のみなさんは、こうした場面もしくはそれに近い場面を一度や二度は見たことがあるでしょう。そして、それをはたから見たとき、こう思ったのではないでしょうか？

「みっともない」

「プライドはないのか」

「死ねばいいのに」

当然です。人が強い者に取り入ろうと、こびへつらう姿というのは、見ていてこれほど不快なものはありません。しかし、こびへつらう側にとってみれば、そんな評価など「くそくらえ」なのです。なぜなら、その人が好意をもってもらいたいのは、まわりではなく、こびている相手なのですから。

人間社会では、強い人間に目をかけてもらうか否かが大きなポイントになります。その意味で、冒頭に挙げたような例はむしろ自然な光景なのです。

ただし、冒頭に挙げたような「部長の揉み手」は、われわれの考える「ヨイショ」とは、まったく違います。

われわれの考える「ヨイショ」とは、「相手の気分をよくし、好意を勝ちとるための技術」です。揉み手をしながら、見えすいたお世辞をいって、百戦錬磨の社長が喜ぶとはとても思えません。むしろ、「コイツ、なんかウザイな」と逆効果にもなりかねないでしょう。また、まわりに不快感を与えることも、プラスになるとは思えません。つまり、「ヨイショ」をするならば、効果的で正しい方法を学び、実行するべきなのです。

そこで本書です。本書では、職場から恋愛まで、あらゆる場面におけるヨイショの方法を紹介しています。おそらくヨイショの実践的解説書としては、世界初のものになるでしょう。ぜひ本書で解説する正しいヨイショを身につけ、明日からの社会生活にお役立てください。そして、もし本当にお役に立ったとしたら、これに勝る喜びはありません。

著者一同

二〇〇八年　一〇月

本文デザイン■ Malpu Design（佐野佳子）

ヨイショの技法

目次

趣味娯楽編

職場編

文書・メール編

恋愛編　男性向け

恋愛編　女性向け

第1章
ヨイショ・ベーシック

ヨイショとはなにか？

まずは、具体的な技術に入る前に「そもそもヨイショとはなにか？」から整理しておきます。なかには「いいから、はやく具体的な話をしろ！」という方もおられるでしょう。

さすがです！　とかく頭でっかちになりがちな現代人には珍しい行動派！　そういう方はこんな屁理屈は読み飛ばして、次章からの場面別の技術から読んでいただいてかまいません。気をつけて次章へどうぞ！

ということで、お付き合いいただけるみなさんには、「ヨイショとはなにか？」を解説したいと思います。ヨイショは、次の三つの要素がそろったときに、もっとも効果的だといわれています。

①ほめる

②**へりくだる**
③**好意・思いやりを示す**
これを専門家の間では**「ヨイショの基本3要素」**と呼んでいます。

先ほどのヨイショを例に解説すると、「さすがです！」から「行動派！」までが①**「ほめる」**にあたります。しかし、これで終わっては、ただほめただけでヨイショとしては不十分です。

次に、この解説自体を「屁理屈」と書いたところが、②**の「へりくだる」**にあたります。人間は、老若男女を問わず「相手と自分のどっちが上か？」を気にします。そこであえて無条件にへりくだることで、優越感で相手を酔わせるのです。

そして、最後の「気をつけて次章へどうぞ！」が③**の「好意・思いやりを示す」**にあたります。大人同士の会話というのは事務的でドライなものが大半です。そこで、あえてウェットな生の感情を匂わせることで、相手の心を開かせるのです。

もちろん筆者は物事を学ぶのに基本を飛ばす人を「行動派」だとは思いませんし、この解説を「屁理屈」だとも思っていません。ましてや、この章をとばして次章を読む人に対して「気をつけて」などと思うわけがないのは、少し考えればわかることです。つまり、**思ってもいないことを書いているわけです。**

じつは、これこそ本書で紹介するヨイショのキモなのです。ヨイショとは「**相手の気分をよくし、好意を勝ちとるための技術**」です。技術さえあれば、心の中でどんなによこしまなことを考えていようが、ヨイショは成立するのです。

どこをヨイショすればいいのか？

ヨイショをするためには、当然、「なにを」ヨイショするのかが大事になります。

ただ漠然と「スゴいですねぇ！」「いいですねぇ！」を連呼するだけのヨイショは、相手の心には響きません（ただし、こうした中身のないヨイショが可能な場面もあります。それについてはP55の「頭のいい人を見たとき」で説明します）。

ヨイショをするときは、「服装のセンスがいい」「仕事に熱心である」など、できるだけ的確で具体的な事柄を対象にするようにしましょう。専門家の間では、こうしたヨイショのネタを「**Y（ヨイショ）スポット**」と呼んでいます。
「Yスポット」は、理論上次の3種類に分けることができます。

①相手の自覚しているプラスの要素

股下90センチの人の「脚の長さ」、東大出身の人の「学歴」、社長の「肩書き」、政治家の「権力」、かわいい子の「かわいさ」など、あきらかに自分でも自慢に思っているプラスの要素のことです。こうした要素についてのヨイショは、相手もイヤな気がしないので、大きな失敗につながることもなく、初心者にはオススメです。まずは、部長に「**さすが部長ですね**」というところからはじめてみましょう。

②相手の自覚していないプラスの要素

相手が自分でも気づいていないプラスの要素も有効なYスポットになります。
たとえば、相手があたり前だと思っているマナー、なにげなくした話などがこれにあたります。そこを発見して、マナーなら「育ちのよさが出てるねぇ」、話なら「いい話だなぁ」とヨイショすれば、相手は思わぬプラスの発見にうれしくなるものです。

③相手の自覚しているマイナスの要素

あえて相手が悩んでいるようなマイナスの要素をヨイショする方法もあります。相当難易度は高いですが、成功すればその効果は絶大で、一種の感動すら相手に与えることができるでしょう。基本的には、「**M・I（ものはいいよう）法**」と呼ばれるテクニックを駆使することになります。

理論上は、四つ目として「相手の自覚していないマイナスの要素」というのもありますが、なにも相手の気づいていないマイナスを掘り出してわざわざヨイショするなど、リスクのわりに実りの少ないことをする必要もないでしょう。とりあえずは「Yスポット」として上記の三つを頭に入れておけば十分です。

では、そうしたYスポットをどのように見つければいいのか？　ですが、それは2章以降でどの場面でなにがYスポットになるのかを細かく解説してありますので、それを参考にしてください。

この手の本にありがちな「あとは経験を積むほかありません」といった無責任なことは、本書はしません。具体的に解説しますので、安心して読み進めてください。

ヨイショの基本テクニック1

「トーン・コントロール」

ここからは、これだけは身につけておきたいというヨイショの基本テクニックを具体的に紹介します。

まず、ヨイショは声のトーン（調子）が大事です。ヨイショのトーンを操ることを「**トーン・コントロール**」といいます。

トーン・コントロールは非常に奥が深い技術です。「これさえ巧みであれば、内容などなくともよい」という上級者すらいます。ぜひ読者のみなさんも的確なトーン・コントロールを身につけましょう。

トーン・コントロールの基本は、相手の調子・テンション・気分に合わせることです。

つまり、相手が上機嫌であれば、楽しい調子でヨイショ。落ち込んでいれば、落ち込んだ調子でヨイショ。なにかに怒っていれば、一緒になって怒ってヨイショするということです。

たとえば、上司が昨日のゴルフのスコアを上機嫌で話していれば、こちらもうれしそうに「うわぁ、タイガー・ウッズも真っ青ですね」とヨイショするということです。

間違っても、ウンザリした調子でいってはいけません。それだけで「(ゴルフばっかりして)タイガー・ウッズも真っ青ですね」という意味になりかねません。

もちろん、**上司のゴルフのスコアなど、あなたの知ったことではありませんから、**心の底からうれしがることはできないでしょう。

それでいいのです。はじめに書いたように、ヨイショは技術です。うれしそうに見えれば、それで十分事は足りるのです。ただし、**トーン・コントロールは嘘くささがないことが大事になります。**

先ほどの例でいえば、上司のゴルフのスコアを聞いた瞬間に、うれし涙を流すのはアウトです。嘘くさいですし、たとえ本気でもコワいからです。

ただし、（ここがまた微妙なのですが）わざとらしく泣くジェスチャーをするのは、OKでしょう。それによって、全体としておどけた「うれしい雰囲気」を醸《かも》し出すことができるからです。

上級者向けの応用テクニックとして、落ち込んでいる相手に明るくヨイショ、ふざけたトーンから一転して真面目にヨイショなど、さまざまなものがありますが、こうしたテクニックに関しては各場面で詳しく触れることにします。

初心者のみなさんは、まずは基本の、「相手のトーンに合わせる」ところからはじめてみましょう。

ヨイショの基本テクニック2

「フィル・イン」

相手の興味を引き、ヨイショに引き込むためのテクニックを専門用語で「**フィル・イン**」といいます。これをうまく使うことができると、ヨイショの効果は倍増します。本書で解説するヨイショも基本的に「**フィル・イン→ヨイショ**」の構成をとっています。重要なテクニックですのでヨイショニア（ヨイショの使い手をこう呼びます）のみなさんは、ぜひ使えるようになりましょう。フィル・インには、おもに次のような種類があります。

①相手のプラスを素直に指摘するフレーズをいう

ex 暗算が速い人に

あなた「やっぱり頭いいですね！」
相　手「そんなことないですよ」
あなた「そんなに計算が速い人、なかなかいないですよ」

もっともシンプルで簡単なのは、いきなりほめ言葉から入ってしまう方法です。ただし、本書の読者は、この段階でとどまらず、より上級のフィル・インを身につけてほしいものです。

②不完全なフレーズをいう

ex 友人と歩いていて

あなた「お前はさすがだよ！」
相　手「なにが？」
あなた「歩く姿もなんかサマになるもんな」

わざと舌足らずな言い方で相手の興味を引くフィル・インです。
例文のように、突然「さすがだよ！」といわれても、なにが「さすが」なのか相手はわからないでしょう。そこがポイントなのです。わからなければ、相手は必ず「なにが？」などと疑問で返して、こちらの答えを待ちます。つまり、こちらの話に引き込むことができるのです。こうすれば、ふだん他人の話を聞かない人もヨイショに耳を傾けるでしょう。

他にも「お前ってアレだよな！」「前から思ってたんですけど……」など、工夫しだいでいくらでもパターンはあるでしょう。

③わかりにくい喩《たと》えフレーズをいう

ex 雨の中立っている人に

あなた「あなたは紫陽花《あじさい》みたいな人ですね」
相　手「どういうことですか？」
あなた「雨が似合うってことですよ」

これは②のフィル・インの変形で、相手が疑問を持つような凝った喩えをいうものです。②に比べると、よりウマさで勝負するフィル・インといえます。

ただし、**いうことがいちいちウマい人もうっとうしいものです。**このタイプのフィル・インは、「ここぞ」というときに使うぐらいでちょうどいいでしょう。

こうした言い回しは、とっさには思いつきませんから、ストックが大事です。ふだんから、映画や舞台、漫画などのセリフ、**「笑点」の人のあいさつ**（山田君以外）などで参考になるものをメモしておくといいでしょう。

④目立つジェスチャーをする

ex **仕事をしている同僚に**

あなた「うわっ」（まぶしそうなジェスチャー）
相　手「なんだよ」
あなた「仕事をしている姿が輝いてるよ！」

この例のように、ジェスチャーを用いたフィル・インもあります。動きで目を引くというのもヨイショの切り出し方としては大変有効なものです。また、多少嘘くさくなっても、ユーモラスでどこか憎めない感じになるのも、このフィル・インの利点です。

⑤事実と反するフレーズをいう

ex 背の低い人に

あなた「でかいね！」
相　手「イヤミかよ！」
あなた「ハートがだよ！」

一見事実と反するようなフレーズから切り出して、相手の意表を突くフィル・インです。

いつもと反対のことをいわれますから、ヨイショをされ慣れているようなエラい人でもハッとすることでしょう。ただし、この種のフィル・インは、相手のマイナスに触れることも多いですから、続く言葉は慎重に選びたいものです。

⑥ポジティブな勘違いをする

ex 後輩の女の子に

あなた「学生時代にモデルやってたのって君だっけ？」
相　手「そんなわけないじゃないですか」
あなた「あれ、君もそんな感じだけど、誰だったっけなぁ」

わざと相手を買いかぶったような勘違いをするフィル・インです。こうすることで、こちらが本心から相手にいい印象を持っているような演出ができます。

これはフィル・イン自体がヨイショになっていますから、あとは「じゃあ、誰だったかなぁ」ととぼけるだけでOKです。

以上6種類のフィル・インを紹介しましたが、どの場合も重要なのはフィル・インとそれに続く言葉のコンビネーションです。**どんなにいいフィル・インでも続くヨイショ本体がダメならば意味がありません。**フィル・インとしっかり対応した力強いヨイショを心がけましょう。

ヨイショの基本テクニック3

「M・I法」

先ほど解説しました。

「Yスポット」の一つに、「相手の自覚しているマイナスの要素」があることは、先ほど解説しました。

こうしたマイナスの要素をヨイショする場合、**「マイナスですねぇ！」**といってもただの悪口ですから、どうにかプラスらしく聞こえる言い方を考えなくてはいけません。

いくらマイナスの要素でも、無理矢理にでも探せばプラスの言い方が見つかるものです。この言い換えてヨイショする方法を**「M・I（ものはいいよう）法」**といいます。たとえば、以下のようなものがあります。

ex **太っている人に**

「たくましいね」

ex 空気の読めない人に

「自由奔放だよね！」

ex 好き嫌いの多い人に

「グルメだね！」

ex 競馬でスッちゃった人に

「さすが勝負師だね！」

このような例を見てもわかるように、工夫しだいでいくらでも言い換えられるものです。M・I法は、基本的に持っている言い換え語彙の数が、そのまま実力になります。巻末のM・I辞典で暗記するようにしましょう。

第2章
ケーススタディ

日常編ー日常生活でヨイショするには

まずはごく日常におけるシチュエーションでのヨイショを紹介します。ヨイショの初心者と上級者の違いは、なんといっても眼のつけどころの違いです。

初心者が見過ごしてしまうような光景も上級者にとっては、絶好の「Y（ヨイショ）スポット」になります。

たとえば、ある人がいつもとは違った服を着てきたときに、それがYスポットになることは初心者でもわかることです。しかし、**いつもと同じ服もまたYスポットになる**ことに気づく人は少ないでしょう。これが、初心者と上級者の大きな違いになるのです。まずは、そうしたYスポットに対する感覚を磨くことが第一になります。

次からの具体的な解説を読みながら、各場面においてどのようなものがYスポットになるのかに注目してみてください。また、この章では比較的オーソドックスなヨイショを紹介していますので、「トーン・コントロール」「フィル・イン」「M・I法」という基本テクニックが実際にどのように使われているのかもあわせて見ていきましょう。

ちなみに、ヨイショの上達にはふだんからの実践も欠かせません。日頃から、この章で紹介するような日常のシチュエーションにあったら、積極的にヨイショをしていきたいものです。**上達してくると、Yスポットを発見すると同時に無意識のうちにヨイショが出るようになります。**このぐらいになってはじめて重大な場面でのヨイショ、困難な場面でのヨイショが可能になるのです。

しかし、**本書を手にとられたような聡明な読者のみなさんには、「釈迦《しゃか》に説法」だったかもしれませんね。くどくなったことはひらにご容赦ください。**では、次からはいよいよ具体的なテクニックの解説に入ります。

相手が新しい服を着てきたとき

あなた「お、ずいぶんいい服着てるな〜。高かったろ?」
友　人「これ、2000円だぜ」
あなた「え! マジで!? 2〜3万円はすると思ったのに。そういう服を選ぶセンスってホントにうらやましいな」

相手が新しく着てきた服というのは、非常にわかりやすい「Yスポット」です。

初心者は、まずここからヨイショしてみるといいでしょう。

この例では、「高かったろ?」というフィル・インから入っていますが、このフィル・インは相手の服の値段が高かった場合でも、安かった場合でも対応可能です。

例では、安かった場合を紹介しています。その場合は、まず例のように「え! マジで!?」とびっくりしたトーンで受け、そこから服を選んだ相手の「センス」

をほめるようにします。

このとき「買い物上手」とヨイショするより、あくまで例のような「服を選ぶセンス」といった言い方をしたほうが、ファッションセンスをほめているようにも聞こえ、効果的でしょう。

次に「高かったろ?」といって本当にその服が高かった場合ですが、そのときはもっと簡単です。**「やっぱり、高い服は全然違うなぁ」**と服をそのままほめればいいのです。

仮に相手が「これ、10万したんだよ」などと具体的な数値つきで自慢をしてきた場合は、「すごーい!」でOKです。**「高ーい!」はダメです。**「そんなしょうもない服が……」という響きが出てしまいます。くれぐれも注意しましょう。

相手がいつもの服を着てきたとき

あなた「お、またその服か」

友　人「悪かったな。変わりばえしなくて」
あなた「いやぁ、前からその服、似合ってるなぁと思ってたんだよ！　同じ服をあと10着ぐらい買っておいたほうがいいな」

前項では、相手が新しい服を着てきた場合のヨイショを紹介しましたが、ヨイショニアとしては、**相手がいつもと同じ服を着てきたときでもヨイショができるようにしておきたいものです。**

この例では「またその服か」というマイナスに聞こえるフィル・インから入っています。これには、一度相手を落としておいて、あとで一気に持ち上げることで、ヨイショの効果を高める狙いがあります。

「10着ぐらい〜」の言い回しについてですが、ここでポイントになるのはオーバーな表現です。現実的には3着もあれば着回すことは十分可能だと思いますが、ここで「あと2着買っておいたほうがいいな」では、ヨイショではなく生活するうえでの単なるアドバイスになってしまいます。「10着」という言葉で、「これ以上なく似合っている」ということを表現しているのです。「100着」ではややオーバーすぎて、いかにも適当にいったような印象が出てしまうでしょう。

ちなみに、「中身がいいから、なにを着ても大丈夫」というヨイショを初心者はいいがちですが、これは避けましょう。**なにを着ても大丈夫なわけがないのは、いわれた本人が一番わかっていることです。**こうした言い回しはヨイショからリアリティを失わせる結果になります。

念のため確認しておきますが、本当に似合っているかどうかは問題ではありません。相手の服装がいかに珍妙なものになっていようと「似合っている」というのです。そもそも「似合っているかどうか」は主観の問題です。なんといおうが嘘にはなりません。

相手が新しいヘアスタイルで来たとき

あなた「お、髪切った?」

友人「ん〜、でもなんか失敗だったなぁ」
あなた「ぜんぜん、そんなことないよ。そんな髪型も似合うんだな。オシャレなヤツってやっぱりいろんな髪型に挑戦するんだな」

まわりの人の髪型が変わった場合は、すかさずヨイショです。

まずは、「**おっ、髪切った？**」というタモリ的なフィル・インから入ります。

これは、話題を相手の髪型に移行するという程度の軽いものです。

そこから、先ほどの服の場合と同様に「似合っている」という主観的な文脈に移行していきます。この例では、そこでヨイショを終わらせず、さらに相手を「オシャレ」と讃《たた》え、いろんな髪型に挑戦する相手のチャレンジ精神をほめるという、念入りなヨイショになっています。

「オシャレ」という表現は、ややベタすぎて泥臭い印象もありますが、他の言い方が今のところ発見されていないので仕方がありません。

相手がいつものヘアスタイルで来たとき

あなた「お前ってムダに髪質がいいよな」
友　人「なんだよ、いきなり」
あなた「絶対ハゲない頭だよ」

前項では髪型が変わっていた場合のヨイショを紹介しましたが、別に髪型が変わっていなくたってヨイショすることは可能です。**髪型が変わっていなければ、髪質をほめればよいのです。**

ただし、あまり深刻なトーンで「髪がキレイだね」といってしまうと、そこはかとなく別の感じがただようので注意が必要です。

他にも、相手の髪質に応じて、
「髪も君の人柄と同じでストレートなんだね」
「『クセッ毛に悪い人なし』っていうけど本当だな」

「枝毛って末広がりで縁起がいいよね」

と臨機応変にヨイショしましょう。

また、仮に髪がなくても「頭の形がいいですね」「白髪が全然ないですね」など、工夫しだいでいくらでもヨイショは可能です。

太った人を見たとき

あなた「丸々してるよなぁ、お前って」
友人「どうせまた太ったよ。悪かったな」
あなた「でも、お前の場合は、なんか暖かみがあっていいよ。そばにいるとホッとするもんな」

この例は、「丸々してるよなぁ」というマイナスのフィル・インで一度相手を落とし、それを「暖かみがある」と言い換えてヨイショするという「M・I法」

の基本中の基本のパターンになっています。

これを身につけるには経験を積むほかありません（P25参照）。ヨイショ初心者のみなさんは、つねに**「デブはいないか」「ハゲはいないか」**とまわりを注意してみるような生活習慣を身につけるようにしましょう。

やせた男の人を見たとき

あなた「いい体してるなぁ。達人体型だよ」
友　人「は？」
あなた「宮本武蔵も実際はそんな体型だったんだろうな」

やせた人を見たときは、とりあえず「スタイルがいいね」といっておけばよさそうなものですが、男性の場合、意外とそれが悩みだったりしますから、難しいものです。

ここは、**武道の達人**＝**華奢**《きゃしゃ》という一般的イメージを利用したM・I法「達人体型だよ」というフィル・インから入ってみましょう。

そこから、男の子の憧れ「宮本武蔵」につなげてヨイショします。

もちろん宮本武蔵は幼少期から並外れた体格であったと伝えられていますし、そもそも巌流島で使ったとされる巨大な木刀を考えても華奢であった確率は限りなくゼロに近いでしょう。**しかし、ゼロではないのです。**

こうした**検証困難な歴史的偉人を引きあいに出して相手をほめるのは、ヨイショの基本テクニックの一つです。**

このテクニックを利用すれば、ゴミの分別をしない人に「資源ゴミと燃えるゴミを分けないなんて、**信長みたいだね**」、パソコンの取り扱いの上手な人に「パソコンに強くて、**エジソンみたいだね**」、一万円札をたくさん持っている人に「**福沢諭吉みたいだね**」など、あらゆる場面で使えます。

ただし、引きあいに出す人物は誰でも知っているメジャーな人にしましょう。「海外経験が豊富で、**大黒屋光太夫**《だいこくやこうだゆう》**みたいだね**」では微妙ですし、「君はハンサムで、フィリップ4世みたいだね」では、ほめられているかどうかもわかりません。

背が高い人を見たとき

あなた「背が高いってのは、それだけで人生有利だよなぁ。頼りがいありそうだし、格好いいし。やっぱり人間は外見なんだよなぁ」
友人「なにいってんだよ。人間は中身だろ?」
あなた「それじゃあ、なおさら勝ち目ないわ〜」

プラスの要素をヨイショするのは、相手を不愉快にさせるリスクも少なく、たやすいことですが、それだけにヨイショニアとしては、素人とはひと味違うヨイショをしておきたいものです。

この例では、フィル・インとして「人間は外見なんだよな」ということで、「人間は中身だろ?」という言葉を引き出し、さらに「それじゃあ、なおさら」とヨイショを重ねる構成をとっています。

世の中には、**「人間は外見」「世の中は金」「恋愛の目的はセックス」**といった、**どう考えても真実であるにもかかわらず、それを肯定すると「人でなし」といわれるフレーズがあります。**

お金持ちに向かって、「やっぱり世の中ってお金なんですね」といえば、ほとんどの人はニヤニヤしながら「そんなことないですよ」というでしょう。

このフィル・インは、そうした習慣を利用した社会学的なものです。

背が低い人を見たとき

あなた「俺、お前くらいの身長がよかったなぁ」
友　人「イヤミなこというなよ」
あなた「イヤミじゃねーよ！　これはむしろねたみだよ！　デカイと高いところのものはとらされるわ、ちょっと失敗すると『図体ばかり大き

くて』といわれるわ、ロクなことないんだぞ」

こちらに相手がうらやんでいるような要素がある場合（この場合であれば身長の高さ）、こちらがあえてそれについてのデメリットを並べたてることで、「M・I法」を使わずに、相手のマイナスをヨイショすることができます。

このテクニックを使うには、まず相手のマイナスについて、「お前くらいの身長がよかったなぁ」というイヤミに聞こえるようなフィル・インから入るのがポイント。そしてそこから、一気にデメリットをまくしたてるのです。

ただし途中でいいよどむと、この例でいえば「やっぱり背は高いほうがいいじゃん」という話になりますから、前もってまくしたてる内容は用意しておきましょう。

マッチョな人を見たとき

あなた「スゴい身体してますね」
マッチョ「そうですか？　まあ学生時代にラグビーやってましたからね」
あなた「やっぱり男はそういう身体に憧れますよねぇ」

最近では、「やせマッチョ」なる言葉が、目指すべき体型として雑誌等で頻繁《ひんぱん》に聞かれるようになりました。程度の差はあれ、筋肉は今も昔も男子の憧れ。しかし、**マッチョたちのすべてが、筋肉自慢であるとは限りません。**「俺だって細身のジーパンがはきたいんだ」という悲しいマッチョもいることでしょう。そうした人の筋肉は当然Ｙスポットになりません。そうではなく、「俺の肉体はどこに出しても恥ずかしくない！」という自信に満ちあふれたマッチョの筋肉こそヨイショの対象に選ぶべきであり、それでこそヨイショも有効なものになるでしょう。

では、筋肉自慢であるかどうかはどこで見分ければいいのでしょうか？

それはズバリ、「ファッション」です。

まず、もっとも鉄板なのが**タンクトップのマッチョ**です。**これはほぼ100％筋肉自慢と考えて間違いないでしょう。**胸にゴールドジムのロゴが入っていれば、完璧です。走り寄っていってヨイショしましょう。次に、**あきらかに身体よりワンサイズ小さいTシャツを着ている人**も怪しいでしょう。ただし、単にサイズを間違えただけかもしれませんから、話の中で「**ところで、僧帽筋《そうぼうきん》がさあ**」などと、さりげなく筋肉方面に話題を振ってみて様子を見てみましょう。

いざヨイショするときですが、例のような「そういう身体に憧れますよねぇ」といった浅いヨイショで十分です。マニアックに「**バルクもセパレーションも申し分ない**」などとほめるのはやりすぎです。こちらが『月刊ボディビルディング』や『アイアンマン』の読者と勘違いされますから、やめましょう。

メガネの人がコンタクトで来たとき

あなた「えーっと……?」（気づかないふり）
女　子「私だよ!」
あなた「誰かと思ったよ!　いい!　すごくいいよ!　もうメガネは捨てちゃいなよ!」

「メガネをはずしたらじつは美人」というのは、ちょっとどうかしてる漫画や映画の定番シーンですが、**本来メガネをかけた人のビジュアルが、それをはずしただけでいちじるしく改善されるなどというのはあり得ないことです。**メガネをはずしてカワイイ子は、かけているときからカワイイのです。

ですが、メガネの人がコンタクトにした場合、やはりそうした反応を多少なりとも期待しているもの。ということは絶好のYスポットであるということです。かならずヨイショしましょう。

この場合、例のように相手に気づかないことそのものがフィル・インになります。こうすることで相手の劇的な変化を表現しているのです。

そして、そこから興奮気味に「**いい！**」を連呼します。「メガネは捨てちゃいなよ」という言いすぎに思われる一言も、興奮を表現するのに一役買っています。

頭のいい人を見たとき

あなた「お前、しわしわだな！」
友　人「なにが？」
あなた（両肩をつかんで相手を揺さぶりながら）「脳みそがだよ！　すんごいよ！　脳みそが軍事用になるぐらいの性能だよ！」

「頭がいい」「物知り」などの頭脳方面のYスポットをヨイショするのは、一見簡単そうで難しいものです。どうしても「歩く百科事典」「人間コンピュータ」

といった陳腐なフレーズでヨイショすることになりがち。

そうした事態におちいらないためにも、この例のように、**トーン・コントロールだけで、勢いで押し切ってヨイショするといいでしょう。**

この例でのフィル・インは、「お前、しわしわだな！」という「なにが？」という疑問を引き出すものになっています。

こうして相手の頭に「？」を作って、一種の意識の空白を作っておき、そこから突然、肩をつかんで揺さぶりながらまくしたてることで、相手を勢いで圧倒するのです。**一種の催眠術ともいえます。**

実際、この例で使われている「軍事用」というフレーズはまったく意味不明です。しかし、「軍事用」という言葉は、「軍事用ズボン」「軍事用傘」「軍事用ぞうきん」など、それがつくだけでなにかスゴそうな響きになるから不思議です。

実際には、軍事用が一概にスゴいとは限らないのでしょうが、この場合においては、一にも二にも雰囲気と勢いです。**「軍事用」＝「なにかスゴい」**というだいたいのニュアンスが伝われば十分なのです。

こうしたヨイショをされれば、相手も「意味はよくわからなかったが、ほめてもらったみたいだ」という感想を放心のなかで味わうことになります。相手の判断力を奪うという意味で非常に危険なヨイショです。

熱血な人を見たとき

あなた「あ、ちょっと待って」（上着を脱ぎながら）
友人「どうした？」
あなた「一緒にいると、こっちまで熱くなってくるんだよ。まったく、こっちまで元気になってくるよ」

熱血な人が厄介なのは、決して自分のペースを崩さないところです。そればかりか、「もっと燃えようぜ！」と相手を熱血なペースに巻き込もうとさえしてきます。

そして共通の特徴として、人の話を聞きません。ヨイショするときも、そのことを念頭に置いておく必要があります。この例では、「上着を脱ぐ」という動作によるフィル・インから入っていきます。こうした動作によるフィル・インは、話を聞かないような人に有効です。そして「こっちまで元気に……」というフレーズで、相手の希望どおり熱血ペースに巻き込まれたかのような演出をします。

元気のない人を見たとき

あなた「なんだい！　君らしくもない！」
友　人「はーっ……」（ため息）
あなた「まあ、君が悩むぐらいだから、相当なことがあったのかもしれないけど」

元気のない人を見たときは、元気づけつつヨイショするのが基本になります。

もちろん元気がない理由というのは、人それぞれでしょう。単純に二日酔いの人もいれば、昨日失恋した人、**日経先物で大損した人**などいろいろでしょう。そのような**理由を追求すると、深入りすることにもなりかねません。**そこには触れずにヨイショするようにしましょう。例では「君が悩むぐらいだから、相当なことがあったのかもしれないけど」というフレーズで、相手を持ち上げつつ中身に触れずにヨイショしています。相手によっては、**「どうした、性病でももらったか？」**などと下ネタから入るのもいいでしょう。バカバカしさというのは、どんな慰めの言葉よりときに人を元気づけるものです。

あくびをしている人を見たとき

あなた「なに？　寝てないの？」
友　人「いやぁ、3時間くらいしか寝てなくてさぁ」
あなた「オレがそれしか寝られなかったら、起きていられないよ。スゴい精

神力だな」

眠そうな人相手には「寝てないの？」という質問のフィル・インが有効です。

例のように、相手が寝てない場合は、「**自分だったら起きていられない**」と相手の精神力をヨイショします。

ただし、「**いや、8時間ぐらい寝たよ**」といわれることもあるでしょう。

その人がそこそこに忙しそうな人であれば、「**8時間ぐらいじゃ、疲れがとれないぐらい頑張ってるんだな**」と、ふだんの勤勉な生活態度をヨイショするようにします。

では、よく寝ている怠け者の場合はどうすればいいのでしょうか？

その場合は、「**いいなぁ、やっぱり人間そのぐらい余裕がないと**」と「人間らしさ」というよくわからないものを持ち出してヨイショすればいいのです。

「人間らしさ」という概念は非常に便利です。有効に利用したいものです。

クシャミをしている人を見たとき

あなた「大丈夫か？」
友　人「あー、うん」
あなた「でも今のよかったなぁ。これぞクシャミ！　って感じがしたよ。クシャミの鑑《かがみ》だな！」

もちろん生きていればクシャミの一つぐらい出るもので、いちいち心配していてはキリがないのですが、そこにあえて「大丈夫か？」と心配のフレーズをかけることでやさしさを演出しましょう。

この例では、「**これぞクシャミ！　って感じがしたよ**」というフレーズが続いていますが、この「**これぞ○○！　って感じがしたよ」というフレーズは、便利ですからぜひ覚えておきましょう。**このフレーズは一見なにかいっていそうでまったく内容がなく、しかしポジティブな響きだけはあるため、使いやすいのです。

相手がオナラをしたとき

あなた「ワハハハハ！（大爆笑）」
友　人「やっちまった……」
あなた「やばい、ツボだわ～。男はそのぐらいの屁をこいてナンボだよな！」

できれば知らんぷりをしたい場面ですし、それが正解なのですが、ハッキリと音が聞こえた直後に本人と目が合うといった避けようのない事態が起こるのが、この現実世界です。

こうした場合のリアクションは大きいほうが、相手も恥ずかしい思いをせずにすみます。相手が男性の場合は、思いっきり爆笑のフィル・インから入るようにしましょう。

ただし、現実問題として、女性相手の場合、爆笑から入るのは危険でしょう。相手が恋人か親しい友人の場合は**「も～、オナラしてもカワイイんだから！　コ**

ノヤロ！」（頭をこづく）というといいでしょう。そして、親しくない場合は……。

いかに不自然でも、しらばっくれましょう。それしか選択肢はありません。

タバコを吸っている人を見たとき

あなた「おぉ〜」
友　人「なんだよ？」
あなた「タバコを出して火をつけるってだけなのに、哀愁とか渋さが出るな！」

喫煙者は、昨今の嫌煙ブームの中、肩身の狭い思いをしているわけですから、そこをあえてほめてあげるのは、かなり効果的なヨイショです。ぜひ試してみてください。

冷静に考えてみれば、**真面目な顔をして煙突ならぬ人間が煙を吐いている**わけですから、見ようによっては滑稽な光景なのですが、ダーティ・ハリーら一連のタフガイに免じて、例のように哀愁と渋さを感じたことにしてあげましょう。

ちなみに相手が吸っているのが葉巻の場合は、もうこれはそれだけで「Yスポット」になります。

「すごーい！　葉巻なんてオトナだねー！」というようにしましょう。

「カストロ議長みたい」「ジャイアント馬場みたい」と葉巻を吸っている有名人の名前を出すのもいいでしょう。

車に乗せてもらったとき

あなた「運転上手いな〜……ふわぁあ」（あくびをしながら）
友　人「そう？」
あなた「もうリニアモーターカーかと思うほどに快適だね。なんだか眠たくなってくるよ」（目をこすりながら）

自動車の助手席に座っているときは、ぜひ運転している人をヨイショしましょう。

相手がマニュアル運転だったときには**「それ！　そのギアを上げる瞬間！　デキる男の空気だよ！」**、対向車や歩行者に道を譲ったときには**「お前みたいにマナーをわかってるヤツの隣に座ってると、俺も気持ちがいいよ」**、車の中の交通安全のお守りを見て**「この神社のお守り、センスいいわー」**など、どんどんヨイショしていきましょう。この例では眠たそうな態度そのものがヨイショになっています。**起きて話をするのがしんどい相手の場合に有効なテクニックです。**

車の車庫入れを見たとき

あなた「おーっ！」
友　人「はい、到着」
あなた「一発で決めたなぁ。車庫入れ界のイチローだな！」

現実に「車庫入れ界」などという世界はないのですが、もしあるとすればイチローに匹敵するスターであるといっているのです。

あくまで仮定の話ですから、どうとでもいえます。「**窓ふき界のタイガー・ウッズ**」「**料理界の具志堅用高**」「**テトリス界の羽生名人**」でもなんでもいいのです。

うまく人名が思いつかなければ、「**ベン・ジョンソン**」でも「**O・J・シンプソン**」でも「**トーニャ・ハーディング**」でも横文字の人名をいっておけばいいでしょう。

どこかで聞いたことがある名前であれば、ほめているように聞こえます。

似た言い回しとして「**車庫入れオリンピックがあれば金メダルだな**」というものがあります。話の中だけなら、ヨイショの数だけオリンピックが開催可能です。

血液型を聞いたとき

あなた「お前ってB型なの？　AB型かと思ったよ」

友　人「どうせ俺は変人だよ」
あなた「違うよ、A型の真面目さとB型の明るさを持ってるからさ」

血液型と性格に関連性があるとは思えませんが、こうした根拠の希薄な疑似科学を信じている相手には、こういうヨイショもいいでしょう。

ただし、実際、血液型による性格判断を調べてみても、その類型は人によってまちまちです。A型が真面目、AB型が変人なのは共通したイメージなのですが、**B型とO型の違いがよくわかりません。**楽天家なのは、はたしてB型なのかO型なのか。

とにかく例のように「AB型かと思ったよ」といえばヨイショは成立します。

相手の歳を聞いたとき

あなた「え〜？　ホントですか？　いやぁ……、失礼しました」

目上の人「なんだよ、あらたまって」
あなた「あまり年上の人になれなれしくできないな、と思って。でも、その若さは反則ですよ！」

年齢がらみのヨイショでは鉄則があります。それは、**相手を「若い」ということです。**「えーっ、もっと歳かと思いました」というヨイショは困難すぎます。「幼く見られるのがイヤだ、という人もいるではないか」という疑問を持つ人は、試しに30代の女性に「安心してください。40代に見えますよ」といってみましょう。**この法則に例外がないことを知ることになるでしょう。**

相手の家に呼ばれたとき

あなた「うわぁ、俺この部屋には住めないなぁ」
友人「なんでだよ！」

あなた「だって、汚くしちゃうもん。俺にはもったいないよ」

この例では、キレイな部屋に入ったときに、わざと「俺この部屋には住めないなぁ」というマイナスにも聞こえるフィル・インから入っています。**こうすることで内心「俺の家はキレイだろ」と思っている相手の心をスカす**のです。そのあとで「俺にはもったいない」ということで、相手の優越感を一気に満たします。

では実際に遊びに行った部屋が、住めないほど汚かったときにはどうすればいいのでしょうか？

「このぐらいのほうが、生活感があって落ち着くって」といえばいいでしょう。「生活感」は汚い部屋へのヨイショの必須フレーズです。相手がそこで生活している限り、「生活感」は必ずありますから、どんな部屋、どんな家にも適用可能です。条件反射で口から出すようにしておきましょう。

ちなみに家が大きかったときは、**「野球できますね」「家でエアロ・スミスのライブができますね！」**と家の大きさ自体をヨイショするのもいいでしょう。

相手の自慢の持ち物を見たとき

あなた「これ、ものすごくいいものじゃないですか！」
金持ち「わかりますか。これは自慢の一品なんですよ」
あなた「いいものを見分ける人は、品物も一流なら、その本人も一流ってことなんですねぇ。いいもの同士は引かれあうんでしょうね！」

ブランドのロゴの入った手帳や名刺入れなどを、これ見よがしに机に広げる人がいますが、そうしたときは、すかさず「これ、ものすごくいいものじゃないですか！」といいましょう。たとえ、**それが縫製《ほうせい》の粗い偽ブランド品であろうと、相手は本物であると信じているのですから、この際問題ではありません。**そこから例のように、相手自身をほめていくようにしましょう。

趣味娯楽編　趣味と娯楽をヨイショするには

このパートでは趣味と娯楽の場面でのヨイショについて解説します。

趣味や娯楽の場面でのヨイショは、相手もリラックスしているために一見すると簡単なようにも思えます。しかし、それは違います。

人間は、むしろ真面目な仕事の場面よりも趣味や娯楽の中でこそ、ムキになり意地をはるもの。**会社で自分の書いた書類にケチをつけられるより、ゴルフ場でスイングのフォームにケチをつけられるほうが、はるかにムカつくものなのです。**

ですから、なにも考えずに気軽な気持ちでヨイショをすると、思わぬ地雷を踏んで、手痛いしっぺ返しを受けることでしょう。

たとえば、よく飲み会の冒頭に上司や年配者から、「**今日は無礼講だ**」という発言があると思います。

無礼講とは、本来ならどんな無礼も許される飲み会のことですが、**わが国の歴史上、その種の発言ののちに無礼講が実際に開催された記録はありません。**あるのは、その言葉に油断して実際に無礼を働き、散っていった人たちの累々たる屍《しかばね》だけです。**人間はリラックスできる場面ほど、のびのびとキレるのです。**

この例を見てもわかるように、趣味・娯楽の場面では、いつも以上に入念かつ慎重なヨイショが求められます。

趣味・娯楽の場面で一番大事なのは、楽しそうなトーンでヨイショすることです。

なんの興味もない趣味の話を聞いているときも、退屈な飲み会でも、苦痛以外のなにものでもない接待ゴルフの場面でも楽しそうに振る舞うこと。つまらない顔でヨイショはできないのです。ある意味、ヨイショニアにとって、もっとも過酷な場面といえるかもしれません。

相手が趣味について熱く語っているとき

あなた「俺詳しくないんだけど、どこらへんがすごかったの？」
趣味人「つまり、カレリンを日本に連れてきたってこと自体がもう奇跡なわけよ、それで……」
あなた「へぇ～、そこまでわかってると、面白いんだろうなぁ。そういう話をしているときの君って本当に楽しそうだもの」

1章で述べたようにへりくだることはヨイショの基本の一つですが、趣味の場面では、それがより重要になります。趣味の話を熱心にしたがる人の根底には、**90％以上の確率で「お前は知るまい」という優越感があります。**

例のような**「俺詳しくないんだけど」「私よくわからないんだけど」**などという、自分の知識のなさを強調したフィル・インは、そうした優越感を満足させるため、とても有効になるでしょう。

ただし、相手の話に食いつきすぎるのも考えものです。「ロンメルとモントゴメリーがエルアラメインでさぁ」といった話に対して、「それで？　それで？」などというと、「えっ、君も北アフリカ戦線に興味あるの？」と食いつかれて、「イタリアのM13／40っていう戦車は『走る棺桶』っていわれてて……」といった興味の持ちようのない話を延々とされるハメになります。

この例のように、あくまで「そこまでわかってると～」と**相手の趣味への理解**、「そういう話をしている～」と**趣味の話をしている相手が輝いていることの指摘**にとどめるようにしましょう。

相手の意外な趣味が明らかになったとき

あなた「へぇ～、お前ギターなんかやってたんだ」
趣味人「そこまで上手くないけどな」
あなた「なんだよ！　意外性もバッチリってか⁉　こんちくしょーめ！」

相手の意外な趣味が明らかになった場合のヨイショです。

明らかになったのが、例のような「ギター」などの「かっこいい」趣味、「ジャズ鑑賞」のような「オシャレ」「高尚」とくくられるような趣味であった場合は、例のように**相手の「意外性」の魅力をヨイショすればOKです。**

しかし、明らかになるのがつねに「かっこいい」「オシャレ」「高尚」な趣味とは限りません。「うげえっ！」と思うような趣味の場合もあるでしょう。しかし、**そこで「うげえっ！」といってはヨイショはできません。**

むしろ「かっこいいなお前。お前はそこらの軟弱な趣味のヤツよりよっぽどすごいな！」といってあげましょう。これは**相手の趣味が万人の認める「うげえっ！」というものであればあるほど、「かっこいい」とはいわれ慣れていないだけに効果的です。**

趣味の世界は、基本的に自分勝手が許され、他人からとやかくいわれる筋合いのない世界です。自分の趣味がクラシック音楽の鑑賞であろうと、アイドル撮影会参りだろうと、自分がよければそれでいいのです。

ただし、ここが難しいところなのですが、趣味を持っている人には「自分の趣味を人に理解してもらいたい」という気持ちがあります。もちろん、これをあきらめている人もいるにはいますが、そうした悟りの境地にいる人はまだまだ少数です。ですから、趣味・娯楽の場面でヨイショをするときの鉄則は、**相手に共感する、もしくは共感したふりをする**ということです。

飲み会1
相手が注文したとき

あなた「くーっ、シビれますねぇ！」
目上の人「なにが？」
あなた「そういう切れ味のいい注文ができるのが、本物のオトナなんですね！」

飲み会では、手始めに注文からヨイショしていきましょう。例のように「**切れ味のいい注文**」**といえば、どんな注文をした場合でも対応できます。**

ちなみに飲み会における**最初の注文は、90%以上の確率で「ビール」ですから、そこで「ビールを注文する姿がドイツ人よりキマってますよ！」というのもいいでしょう。**日本酒や焼酎などで具体的な銘柄で注文した人には、「**粋**」「**通**」「**オトナ**」などといってヨイショします。

相手がそれを「**無難**」**といえば、「それを無難っていえるようになりてぇ〜」、「これが好きなんだよ」といえば、「やっぱりオトナは舌が肥えてる」**などとガンガン食いついていきましょう。

飲み会2

相手が注文を選ぶのに時間がかかっているとき

あなた「いいよなぁ、本当にうらやましいよ」
友　人「イヤミをいうなって……、ああ、どれにしよう」

あなた「俺って、勢いで決めちゃうからあとで後悔するんだよな。ちょっとはそういう慎重さを見習わないとな」

注文を選ぶのが遅い優柔不断な人というのはいるものです。

こういう人はふだんから「早く決めてよ」などとせかされがちですから、「**それでいいんだよ」とゆったりいわれると非常にうれしい気持ちになるでしょう。**

この例では、まず相手の注文選びの遅さに対して、「**うらやましい**」という、およそいわれたことがないであろう意表を突くあこがれを表わすフィル・インから入っています。

次に「優柔不断」というネガティブな要素を「慎重」というポジティブな要素に言い換える「M・I法」を駆使します。

そこから例文のように「**ちょっとはそういう慎重さを見習わないとな**」という自分の拙速さを反省する文脈にまでもっていければ完璧でしょう。

もちろん、本当に反省する必要がないことはいうまでもありません。

飲み会3

相手より先に注文したものが来てしまったとき

あなた「……」（手をつけない）
目上の人「先に食っていいよ」
あなた「本当にやさしい人ですね！　でもやっぱり一緒に食べますよ」

よく食事や飲み会で遭遇する場面ですが、こうしたときのヨイショは比較的容易です。

まず、料理が来ても決して手をつけないようにするのです。**こちらがいつまでたっても食べはじめなければ、相手も決まって「どうぞ」というでしょうから、すかさず「やさしいですね」とヨイショしましょう。**

「どうぞ」といってもらえるか不安な人は、麺類を注文しておくといいでしょう。温かい麺を食べる習慣のない国の人でない限り、「のびないうちにどうぞ」、もしくは「冷めないうちにどうぞ」といってもらえるでしょう。

飲み会4

相手に酒をついでもらったとき

あなた「この比率！　これくらいの泡の割合が一番うまいんですよねぇ」
目上の人「そんな話聞いたことないぞ」
あなた「え、そうですか？　まぁ部長についでもらえばなんでもうまいんですけどね」

お酌というのは、本邦の飲み会のはじめにおいて、ほぼ100％の確率で遭遇する場面です。

先ほども触れたとおり、**飲み会における最初の注文は90％以上の確率でビールですから、「お酌があって、かつビール」の場面は90％の確率で遭遇することになります。**つまり、この場面におけるヨイショは、ヨイショニアにとって必須であるということです。

この例では、「この比率！」というフィル・インから入っていますが、この際泡の割合がどうだろうとかまいません。何割であろうと「この比率！」と叫びましょう。**ちなみにビールと泡の比率は7対3がベストだそうです。**

続いて「～なんでもうまいんですけどね」というフレーズを続けるようにします。「なんでもいいなら、泡の比率の話などする必要ないじゃないか」という意見もあるでしょう。**たしかにそのとおりなのですが、**そもそも飲み会において「必ず話さなければならないこと」などほとんどないのです。**飲み会というものは「話さなくてもよいこと」を話すためにあるのです。**だからこそ、創意工夫しだいで無限にヨイショ・チャンスが拡がっているのです。

例文での狙いは、いったん「泡の比率」をこちらで持ち出しておいて、「あなたについでもらった酒のうまさの前には、そんな小賢しいものは関係ない！」と自分でその話を否定するという**マッチポンプのダイナミズムにあるのです。**

他にも、飲んだあとに「**うまいなぁ！　やっぱり酒の味は誰についでもらうかで変わりますね～**」というヨイショもあります。

飲み会5
相手が酒のウンチクを語りはじめたとき

あなた「すごいですねぇ。僕なんかアルコールが入っていればなんでもいいって感じですから」
目上の人「なに、若いうちはそれでいいんだよ」
あなた「でも、僕もそれくらい酒の味がわかるようになりたいなぁ」

食事や飲み会の場で、ワイングラスをくるくる回した人に「**これはかすかにバニラの香りがして、味はのどを流れたあとに、カラメルのようなやわらかい甘さが残るんだ。貴腐《きふ》ワインに近い味わいかな**」などという話を聞くと、「**うるせーバカ！ そんな話、誰も聞きたくねーよ！**」といいたくなりますが、いってはいけません。正確にはいってもいいのですが、あとでどうなっても知りません。

そうした人が相手のときには「**赤くないから、これは白ワインですね。味は果物でいうと、ぶどうかな**」とわざと間抜けな発言をしましょう。

こちらの無知と憧れを示すようにするのがポイントです。この例でも、「アルコールが入っていれば」という言い方で無知と未熟さをアピールしつつ、「酒の味がわかるようになりたいなぁ」というフレーズで憧れを表現しています。

飲み会6
相手の飲み方・食べ方をほめたいとき

あなた「にじみ出てるねぇ」
後　輩「なにが?」
あなた「育ちのよさがだよ!　君、お坊ちゃんだろ!」

飲み会や食事会では、相手の食べ方・飲み方自体も見落とせないYスポットになります。

もし相手がきれいな食べ方・飲み方をしている場合は、例のように疑問を引き出すフィル・インから入り、**「お坊ちゃんだろ!」**というフレーズでしめて、相手の育ちのよさをヨイショしていきましょう。他にも「**食べてもらえた食材たちも幸せだな！**」というヨイショもあります。

当然、ヨイショは相手の食べ方に応じて臨機応変にしなければいけません。

相手が刺身を塩で食べるなど変わった食べ方をしたときは「**通だねぇ**」、嫌いなものをきれいに残しているときは「**チャーハンの中からそれだけ正確にグリーンピースを取り除けるヤツはそういないぞ！**」と相手に応じたヨイショをしていきましょう。

飲み会7

目上の人におごってもらったとき

あなた「ごちそうさまです！」
上　司「うまかったか？」
あなた「ウマイなんてものじゃないですよ、もう失神寸前でしたよ！　このご恩はきっと仕事でお返しします！」

飲み会における「おごるおごられる」というのは、少なからず社会的心理戦の要素を含んでいます。つまり、貸しを作るか作られるか？　どちらの格が上か下か？　仲間か敵か？　こうした関係性をめぐる攻防がそこで起こっているのです。

とくに目上の人がおごるときは、こちらを手なずけ、頭が上がらないようにしようという意図が少なからずあるものです。**ヨイショニアとしては、そうした相手の思惑を敏感に感じとり、相手の期待以上になつくようにしましょう。**

この例では「きっと仕事でお返しします」という忠誠心を示すフレーズをいっていますが、相手が仕事関係の人でなければ「一生ついていきますよ！」という言い方をしてもいいでしょう。

飲み会8

友達におごってもらったとき

あなた「ごちそうさまです。親分！」

友　人「どうしたんだよ！」
あなた「ホントに君は天性の親分肌だね！　おごってくれたからいうわけじゃないけど、俺と同い年とは思えない大物感があるよ」

友達や同僚は、基本的に同等なライバル関係にあります。だからこそ、あえて自分からへりくだる、この例のようなヨイショは効果的です。よく人に頭を下げることを恥とする人がいますが、頭を下げる行為が一概に卑《いや》しいこととはいえません。むしろ、**頭を下げるべきときに下げられない人間こそが恥知らずなのです。**

飲み会9
目上の人とワリカンだったとき

あなた「バッサリ、ワリカン！　お会計が真っ二つですよ、お見事！」
目上の人「悪かったよ。今度はおごるから。今日は持ち合わせがなくてなぁ」
あなた「なんですか。また僕と飲んでくれるんですか？　うれしいなぁ！」

目上の人とワリカンになったときには嫌味のフィル・インから入ってみましょう。

このヨイショのポイントは、こうしたフィル・インによって「たかろうとしている」と思わせて、いったん相手をムカつかせることにあります。

そう思わせておいて、「コイツは自分と飲むのが好きなのだ」ということに気づかせて、暖かい気持ちにさせるのが、このヨイショのキモなのです。

ですから、**フィル・インのときは思いっきり意地悪く、そのあとのヨイショのときは満面の笑顔、**とコントラストをつけるようにするといいでしょう。

飲み会10
友達とワリカンだったとき

あなた「なんだよ、おごれよ！」
友　人「なんでおごらなきゃいけないんだよ」

あなた「将来性の違いだよ。お前はどうせ出世するんだから、未来の管理職のつとめとしておごらなければいけない！」

同僚の下手《したて》に出るという基本はおごられた場合と同様です。

例のような「おごれよ」というあからさまにおごってもらおうとするフィル・イン自体に下手に出る意味あいがあります。

すると、**ワリカンですませようとするような、しみったれた相手ですから「なんでだよ？」という疑問を返してくることでしょう。**

そこで、将来性をヨイショするのです。**もちろん相手に将来性がなくても大丈夫です。**未来のことは誰にもわかりません。

このヨイショは、うまくいくとおごらせることもできるので一石二鳥です。

カラオケ1

相手が十八番の曲を選んだとき

あなた「よっ、待ってました！」
上司「めを〜と〜じて〜♪」
あなた「みなのもの、拝聴しろ！」

ヨイショニアとしては、まずは曲選び自体からヨイショしたいものです。それが「**金太の大冒険**」であろうが、「**蠟人形の館**」であろうが、「**君が代**」であろうが、「**インターナショナル**」であろうがヨイショできるのが、ヨイショニアというものです。

この例では、「みなのもの、拝聴しろ！」とまわりに話を振ってヨイショするというテクニックを使っています。「**拝聴する**」**は**「**聞く**」**の謙譲語です。**へりくだり、動作対象を高めるのに使います。この場合であれば、聞く対象である歌っている人になります。これは、飲み会の最中の上司のホラ話にも使うことができます。

カラオケ2
相手がマイナーなオモシロ系の曲を選んだとき

あなた「なんだ？　なんだ、この曲は！」
友　人「カラフトぉ〜の大地にぃ〜♪」
あなた「卑怯だよ！　まったく、どこからこんな曲を仕入れてくるんだ！」

マイナーでかつオモシロ系の曲を選ぶ人は、だいたいにおいて、その曲選び自体でアピールしたいという思いがあるものです。

ですから、ヨイショする側としては、曲選びのセンスのよさをヨイショしてあげるといいでしょう。

「卑怯だよ！」というフレーズは、カラオケの場において注目を独占した相手に対するねたみと賞賛を同時に表現した言葉です。こういわれると相手も「勝った！」という幸福感を味わうことでしょう。

カラオケ3
相手が洋楽を選んだとき

あなた「洋楽歌えるのってかっこいいなぁ」
友　人「別にたまたま、好きなアーティストが海外の人だっただけだよ」
あなた「君の音楽を見る目は世界レベルってわけだね」

洋楽好きは「J-POPを歌う輩《やから》とはひと味違うんだぜ」といった一種の自負のもとに、外国語の歌を歌っていますから、そこをヨイショするといいでしょう。決して日本人が外国の歌を歌っている場面に逆上して、「**おのれっ！　鬼畜ホニャララ！**」などと敵愾心《てきがいしん》を燃やして、軍歌を歌い返したりしてはいけません。単純に「**英語すげー！**」というヨイショもいいでしょう。

カラオケ4
相手の歌が上手だったとき

あなた「もう帰っちゃおうかな」
友　人「なんでだよ？　来たばっかりだろ？」
あなた「だってお前のあとじゃ、俺がなに歌ってもかすんじまうだろ」

なんといっても、**歌がうまいというのはカラオケにおける最大のYスポット。うまい人やうまいといえないこともない人がいた場合は、すかさずヨイショするようにしたいものです。**

ただし、ヨイショニアとしては「うまいねぇ！」というヨイショより一歩進んだレベルのヨイショをするようにしたいものです。

ここでは「帰っちゃおうかな」という疑問を引き出すフィル・インから、「かすんじまうだろ」につなげるヨイショを紹介していますが、他にもさまざまなヴァリエーションが可能です。

黙って肩にポンと手を置いて「泣かせるなぁ〜」というアクションのフィル・インを活用する方法、相手が友達の知り合いなどで、素性をよく知らない場合は「音大かなんか出たの?」という勘違いのフィル・インから入る方法なども考えられるでしょう。

カラオケ5
相手の歌が下手だったとき　パターンA

あなた「いい歌だよ!」
友　人「お世辞はいいって。歌は苦手なんだよ」
あなた「いやぁ、いいんだよ! 下手なヤツが一生懸命歌ってるほうがカッコいいんだよ!」

結果がダメなときに、とりくむ姿勢をほめるというのはヨイショの基本パターンですが、それはカラオケにも応用可能です。相手の歌が下手であるならば、この例のように一生懸命さをほめるようにしましょう。
また、下手であることに照れて、相手がマジメに歌っていない場合は、大爆笑のフィル・インのあとに「**面白い！　オイシイとこ持っていきやがって！**」という言い方でヨイショするといいでしょう。

カラオケ6
相手の歌が下手だったとき　パターンB

あなた「かわいいねー！」
女　子「下手でゴメンねー……」
あなた「いやぁ、癒《いや》されるよ。いいっ！　かわいい！」

「かわいい」という言葉は便利です。小さいもの、丸いもの、ピンクのもの、うさぎ、ねずみ、とにかくどのようなものも「かわいい」という言葉で表現することができることは、世の女子《おなご》が証明しています。

ちなみに、この場合は「歌が下手である」ということを「かわいい」と表現しています。

そのあとに続く**「癒される」というフレーズも便利です。**「その歌を聴いて癒されるかどうか？」は主観の問題だからです。**つまり、なんとでもいえるのです。**

こうしたあいまいなフレーズを有効活用して、巧妙に**歌の巧拙の話から離れるのがこの場面での鉄則です。**

ゴルフ1

相手のナイスショットを見たとき

あなた「ナイスショット！」

上　司「これはいっただろ！」

あなた「耳を澄ましてください！　部長のナイスショットにコースが喜んで笑ってますよ！」

ゴルフといえば接待の代名詞でもありますし、ゴルフ場でのヨイショはオトナの基本スキルといっても過言ではないでしょう。

本邦における接待ゴルフにどのくらいの歴史があるのかは、残念ながらわかりませんが、「ナイスショット」の掛け声は、おそらく星の数ほども叫ばれてきたヨイショの伝統フレーズです。ここは基本どおり「ナイスショット！」と叫びましょう。

もちろん「コースの笑い声」うんぬんは冗談でいっているのです。「コースが笑わなかったらどうしよう」と心配する必要はありません。

相手も「なにをバカなことを」「おおげさだなぁ」と笑っていってくれることでしょう。

また**「コースの笑い声」が実際に聞こえたとしても、それはそれで問題ありません。じっくり聞いてもらいましょう。**

ゴルフ2

相手がバンカーだったとき

あなた「おっ、これは見物《みもの》だ」
上　司「なんだ？　どういうことだ？」
あなた「こんな窮地を簡単に抜け出すスイングを勉強できるチャンスってことですよ。めったにないことでしょうからしっかり目に焼きつけさせてもらいますよ〜！」

接待ゴルフの場合、相手は**ジャック・ニクラウス**ならぬ取引先や部長や課長ですから、ナイスショットの連発というわけにはいきません。

部長や課長のショットというものは、よくて凡打で、悪くてOB、最悪の場合は空振りと決まっています。その意味で、ナイスショットより遭遇する機会の多いのがミスショットの場面なのです。

例のような「見物だ」という言い方は、上から見下しているような失礼な響きがあります。こういう言葉を利用して、相手を半ギレの状態にしておいて、一気にヨイショにつなぐのがこの場面でのヨイショのキモです。

もっと簡単にヨイショをしたければ、「上手な人もミスすることがある」という意味の「**弘法《こうぼう》にも筆の誤り**」という言葉を引用するのもいいでしょう。

ボーリング1

相手がストライクを出したとき

あなた「ええ？　そりゃいかんよ！」
友　人「なんで!?」
あなた「せっかくお前の投げ方たくさん見て参考にしようと思ったのに、ストライク出されちゃうと、お前が投げる回数が減っちゃうじゃん」

一般的にボーリングは、あてもなく集まったヒマ人の集団が、その場の一人の思いつきでボーリング場に向かい、ほどほどの意気込みで臨むスポーツです。

ですから、あまり深刻なトーンで「なんてうまいんだ……」などとヨイショすると面倒くさがられてしまいます。気軽なトーンが基本です。

もちろん、いざボーリング場に行って他のレーンを見ると、マイボールとマイシューズを持参し、メカテクター（金属製グローブ）をカッチャリと手にはめた殺気あふれる本気者もいますが、それはおそらくプロボウラー志望か、プロボウラーくずれか、プロボウラーその人です。

あなたがプレイする「ままごとボーリング」の参加者に、そうした人はまずいません。他人のふんどしで相撲をとるのはよくないですが、「ままごとボーリング」では他人のボールを使ってもよいことになっています。**「どんなボールでもマイボールにしちゃうんだな」**などとヨイショしてもいいかもしれません。

ボーリング2

相手がガーターだったとき

あなた「おーっと、そうきたかぁ！」

友人「あー……。サイアクだぁ」
あなた「なにいってるんだよ！　このドキドキ感は今の一投なくしてなかったんだぞ！　ストライクなんか出すよりよっぽどスリリングだったぞ！」

冷静に考えれば、「下手である」という一点に集約されるべきガーターという事象も、**こういう言い方でヨイショできます。**このヨイショのポイントは、懐かしい言い方をすれば、「メイク・ドラマ」の立役者であるかのようにいうことです。「つくづくドラマチックなヤツだな」というヨイショでもいいでしょう。

相手がよほどうまい相手なら、**「信じられない光景だな」「隣のレーンに飛び出してストライクになりそうだったぞ」**というのもいいでしょう。

釣り1
相手が大漁だったとき

あなた「いやぁ、爆釣ですね！　もうこの湖の魚、全部釣っちゃったんじゃないですか？」
目上の人「まぁまぁってところかな」
あなた「これだけ釣れるなんて、ポセイドンか恵比寿様くらいですよ」

ハマちゃんとスーさんの釣りバカコンビを例にとるまでもなく、釣りには立場を超えて心の距離を近づけるなにかがあるようです。

そこにヨイショが加われればさらにさらに万全。一部上場企業の社長・会長とあなたによる新・釣りバカコンビ結成も夢ではないかもしれません。**もちろん、そういう機会があればの話ですが。**

例の「もうこの湖の魚、全部釣っちゃったんじゃないですか？」というフレーズは、釣りの場面におけるヨイショでは使いやすいフレーズです。

海釣りのときは「**もうこの海の魚、全部釣っちゃったんじゃないですか？**」、渓流釣りのときは「**もうこの川の魚、全部釣っちゃったんじゃないですか？**」と改変して使います。

続いて「ポセイドンか恵比寿様くらいですよ」というフレーズがありますが、**そうした神様が実際に釣りが上手かは問いません。**とにかく神様の名前を出すことで「あなたは釣りの神様だ！」ということを表現しているのです。

釣り2
相手がボウズだったとき

あなた「今日は人柄に触れた気がしますね」
上　司「どういうことだね」
あなた「僕に遠慮して『自分だけ釣ったら悪い』と思ってたら、釣れるものも釣れませんよ！」

釣りで一匹も釣れないことを、専門用語でボウズといいます。**ボウズだったときの釣り人ほど、凶暴なものはありません。**腫れ物に触るかのようなヨイショを心がけましょう。

例では、「相手がわざと釣らなかったのだ」という文脈に持っていっています。とくに相手が上級者の場合はこうしたヨイショが大事です。

友達の場合は「**君はやさしくて人柄がいいから、動物愛護の精神が発揮されちやったんじゃないの?**」というヨイショもいいでしょう。

職場でヨイショするには

職場における人間関係には、独特のものがあります。

その最大の特徴に「役職・肩書き」によって、あらかじめ人間関係に上下が設定されているということがあります。あなたが「課長」なら、「部長」にはかならず頭を下げなければいけません。**たとえ相手が、ハナをたらしたバカであろうともです。**

そのため、職場において「役職・肩書き」は、「様」「先生」などの尊称の一種と考えられることさえあります。その証拠に、ビジネストークのマニュアル本には、お客さん相手の会話では、自社の部長は「山本部長」とはいわず、「山本」もしくは「部長の山本」ということ、と書いてあります（**「山本部長」と「部長の山本」のどこが違うのかよくわかりませんが**）。逆にいえば、職場で「**さすが部長！**」といえば立派なヨイショになるのです。

このことはヨイショニアにとっては不運なことです。なぜなら、こんなわかりやすい上下関係の構図の中では、誰もがヨイショをしたくなってくるからです。

つまり、ヨイショをする人が多くなり、競争率が上がるのです。

しかし、安心してください。この章の解説に従ってヨイショをしていけば、素人のヨイショなど恐るるに足りません。**思う存分ヨイショニアの本物のヨイショというものを見せつけてやりましょう。**

職場におけるヨイショのポイントは、相手を仕事と絡めてヨイショするということです。職場というのは仕事をする場所であり、それ以外のことをしない場所です。深く知りもしない仕事以外のことをヨイショするのは、どうしてもリアリティに欠けるのです。

たとえば、服装・容姿等をヨイショする場合でも、単に「かっこいいですよ」というより、「仕事がデキそうですよ」というふうにヨイショをしましょう。

また、上司相手のヨイショでは、先ほど述べた「役職・肩書き」を人一倍重視する姿勢を見せるのも大切です。**「課長の前でヒラの自分がなにをかいわんや」**といったへりくだりの姿勢を堅持するようにしましょう。

早く出社している同僚を見たとき

あなた「おはよう！　お前は朝が似合うなぁ！　朝男《あさお》だ、朝男」
同　僚「なんだよ、朝男って！」
あなた「あえてそう呼びたいほどのさわやかさなんだよ！」

もちろん広辞苑にも、大辞林にも「朝男」などという言葉はありません。なぜなら、筆者が思いつきで適当に書いた言葉だからです。なかには「思いつきの言葉でヨイショをしていいのか」という意見もあるでしょう。

いいのです。このヨイショのポイントは、**「朝のあなたのさわやかさは、従来の語彙では表現できない」**ということにあります。それには、今までにない斬新な単語を使う必要があり、それには思いつきの言葉が一番なのです。

人間のアイデアなど、考えれば考えるほど、ありきたりでつまらなくなるもの。ときには、思いつきの勢いを利用するのも一法でしょう。

上司が新しいスーツを着てきたとき

あなた「部長、ウォール街の人みたいじゃないですか！」
部　長「なんだい、ウォール街って!?」
あなた「ウォール街は世界の金融の中心ですよ！」
部　長「知ってるよ！　そうじゃなくて、なんで俺がウォール街……」
あなた「ああ、そのことですか。部長のスーツ姿があんまりキマってるから、
　　　エリート証券マンっぽいなぁと思って」

通常よりワンクッション多いヨイショです。

上司も新しいスーツを着た日には「職場でなにかいってもらえるんじゃないか」「人気者になれるんじゃないか」「給湯室で『今日の部長ってなんかカッコいいよね』と女子社員の噂になるんじゃないか」「そして、その女子社員のうちの一人が……」と密かに期待しているもの。つまり、上司の新しいスーツは定番の「Y

スポット」なのです。

ですから、**上司をヨイショしたい人は、ぜひ新しいスーツを着ていないかどうかを日々チェックするクセをつけてください。**

この例では「ウォール街の人みたいじゃないですか！」というフィル・インからヨイショに入るまでに、「ウォール街は世界の金融の中心ですよ！」ととぼけることで、ワンクッションおいています。

これには、「ウォール街の人」という言葉に意味不明ながらもホメの要素を感じた部長の「どういう意味!?　どういうホメ言葉!?」という気持ちを、一度じらす効果があります。

このじらしが、あとのヨイショの効果を倍増させています。**こうした駆け引きは、ヨイショに限らず人生全般においても大切なことです。**

どのように大切かはここでは述べません。

そして、そのようにじらしておいて最後に「エリート証券マン」という言葉でフィニッシュします。もちろん、あなたの職場が証券関係である必要はありません。むしろ、実態を知っているだけに、証券関係の職場では使うことができないでしょう。

なぜならここで欲しいのは、「エリート証券マン」という言葉の持つ「なんだかスゴそう」というイメージだからです。

「営業マン」では泥臭いイメージがありますし、「スーパーマン」はアメリカ人です。

「エリート証券マン」というヨイショは、「エリート」および「証券マン」と縁遠ければ縁遠いほど威力を発揮するのです。

指示を受ける1

上司に仕事を頼まれたとき

あなた「ありがとうございます」
課　長「なんで、感謝してるんだ?」
あなた「すみません!　でも、仕事を頼んでくれるってことは、戦力になってるってことですからね。うれしいです」

ドライになりがちなビジネスの場面だからこそ、このような少しやりすぎなくらいのウェットなヨイショも効果的です。上司をヨイショするときの基本は「慕っている感」の演出と「3要素」の一つ「へりくだる」を強く押し出すこと。

ここでは、「ありがとうございます」という間違った受け答えから入る勘違いのフィル・イン、そしてそこからつながる「仕事を頼んで『くれる』」という言い方で、それを同時に表現しています。もちろん、上司に仕事を頼まれてしまうと働かなくてはいけなくなりますから、非常に面倒くさいのですが、そんな場面でもタダでは転ばずヨイショできるのが真のヨイショニアというものでしょう。

指示を受ける2

残業の指示を断るとき

あなた「ああ、どうしよう！　すみません！　今日はどうしても無理なんです！　ああ、なんということだ！」
部　長「おおげさだよ。他の人に頼むからいいよ」
あなた「ああ、ホントダメですね……。いざというときに、部長の役に立てないんだから」

残業を断る場合、まずは**取り乱したトーンのフィル・インで「動揺」を表現しましょう。**この「動揺」は、「他の日ならば喜んで引き受けるのに……」という意味の「動揺」です。**決して「さっさと帰ってプレステ2で『ウイニングイレブン』がやりたいのに……」という意味の「動揺」ではないことに注意しましょう。**

そして、次の「ああ、ダメですね……」以下の詠嘆で「部長を尊敬しているのに」と「残業は絶対ムリ」という二つの情報を効率よく伝えるようにします。

報告をする1

仕事がうまくいったとき

あなた「餃子の件、うまくいきました。これもひとえに課長のおかげです！」
課　長「そんなことないよ。君が頑張ったからだよ」
あなた「この手柄を誇らない謙虚さ！　オヤジって呼んでいいですか？」

この例では、フィル・インで「ひとえに課長のおかげです！」と過剰に感謝することで、相手の謙遜《けんそん》の言葉を引き出し、その謙遜の言葉をヨイショするというテクニックを駆使しています。

このテクニックは一見複雑そうに見えますが、意外に使いやすく便利なテクニックです。

要は、**相手が謙遜したくなるほど、過剰にほめたり感謝したりしながら待ち、謙遜したら「謙虚ですね」とヨイショすればいいだけです。**

また、「父親のような」「兄のような」など、家族的な雰囲気を演出して近寄ることは、ふだん若い子とギャップを感じることの多い中高年層にはとくに有効です。**積極的に各方面に「オヤジ」「アニキ」「オフクロ」を作っていくようにしましょう。**

さらには、「おじいちゃん」「おばあちゃん」まで作っていけば、核家族化の進む現代社会に一石を投ずる行為になる気もします。

報告をする2

仕事がうまくいかなかったとき

あなた「申し訳ございません。例の餃子は返品ということになってしまいました」
課　長「どうするんだよ！」
あなた「ボクも課長の顔に泥を塗るようなマネはできません。命がけで対応させていただきます」

仕事でのミスは誰もが経験するもの。重大なミスを犯したときなど、海外に逃亡したくなりますが、ミスのたびにいちいち海外に逃げていては旅費もバカになりません。ここはヨイショで乗りきりましょう。

こうした場合は、ミスに対する謝罪をしながら、個人的な「尊敬している」「慕っている」という気持ちをにじませることで、「課長のためなら死ねる」という話にシフトしていくようにします。

もちろんミスはミスなのですが、そこをうやむやにできるのがヨイショなのです。

電話を取り次ぐ1

担当者不在のとき

あなた「あっ、岡野さん！」
取引先「どうもどうも。田中さんいらっしゃいますか？」
あなた「いないんですよ。まったく岡野さんから電話だっていうのにアイツはなにやってるんだ！」

ささいなことで怒って見せて、「あなたは大事な人なんです！」とヨイショするのも、メジャーなテクニックです。居酒屋で上司の頼んだ子持ちししゃもが来ないときなど、**「部長の子持ちししゃもが来ないじゃないか！」**と人一倍怒って、店で大騒ぎするといいでしょう。

一般的には、こうしたことで怒りだす人を見て**「大人げない」「みっともない」**と考えるものですが、相手は「なにもそこまで」と思う反面、「そこまで俺のことを……」とちょっとうれしかったりするものなのです。

電話を取り次ぐ2
担当者がいたとき

あなた「あっ、岡野さん！」
取引先「どうもどうも。田中さんいらっしゃいますか？」

あなた「いるけど、取り次ぎたくないなぁ。もうちょっと話しませんか？」

この場面で大事なのは、「人なつっこさ」を表現するということです。トーンとしては、冗談っぽくというのが大事になります。

あまり深刻なトーンで「もうちょっと話しませんか……」などというと、相手も気味悪がります。

ところで、誰にでもこういう態度をとる人を「八方美人」といって批難する人がいます。

しかし、八方美人は少なくとも「美人」です。人からうとまれる「ブス」よりはマシなのです。

というような弁解は、もちろん言葉遊びにすぎず、意味も無いに等しいですが、「八方美人」になってまわりに味方を作っておくことは、シビアなビジネスシーンでは大切なことでしょう。

上司にアドバイスをもらったとき

あなた「そんな方法があるのか！　年輪ですよ！　ほとんど縄文杉のレベルに達してますね！」
部　長「歳だっていいたいのか！（笑）」
あなた「そのとおりですよ！　ボクも部長みたいに経験を積んで、価値のある歳のとり方をしたいんですよ！」

上司をヨイショするとき、もっとも確実なのは相手の経験へのヨイショです。

本当は経験は長さではなく中身こそが大事なのですが、上司の経験の中身など知らないでしょうから、ひたすら「**長いですね！**」とヨイショすればいいでしょう。

例では、一見憎まれ口に聞こえるようなフィル・インから、意外な方向にヨイショするというテクニックで相手の経験の長さをヨイショしています。相手の「歳だっていいたいのか！」に対して、「そのとおりですよ！」と相手の予想の裏をかく受け答えをすることで、続くヨイショがより効果的になっています。

もちろん、そのあとには**上司へのヨイショの基本「尊敬している」フレーズを続けるようにしましょう。**

他の部署の人に会ったとき

あなた「おっ、総務のパオロさん。わが社の花形！」
総務の人「どうしたんですか？」
あなた「俺ら営業なんて、会社の足引っ張ってばかりですからね。『営業のバカどもが』とか思ってるんでしょ？（笑）」

他部署の人に対するヨイショのポイントは、自分の所属する部署をへりくだらせることです。それにはトーン・コントロールが非常に重要。この種の発言を暗いトーンでやってしまうと、「なにこの人は勝手に落ち込んでるんだ」と思われて、非常に面倒くさく思われてしまうのです。大事なのは笑顔です。

クールビズの人に会ったとき

あなた「大木さんはネクタイを外しても、ちゃんとフォーマルに見えるから不思議ですね」
相　手「そうですか。いちおうノーネクタイでも崩れすぎないシャツを買ってはみたんですけどね」
あなた「きっと大木さん自身がエレガントなんでしょうね」

ここではクールビズの人に会ったときのヨイショを紹介します。
41ページでも解説したように、服装そのものより服選びのセンスをヨイショするほうが、簡単で確実です。とくにクールビズの場合は、今までスーツ一辺倒の人が一生懸命オヤジ向けファッション誌を読んで、選び抜いたファッションだったりしますから、なおさら効果的でしょう。

この例では「**フォーマルに見える**」→「**大木さん自身がエレガント**」と服装だけでなく中身についてもヨイショをしています。「エレガント」「品がある」「雰囲気がある」等の感覚的な表現のほうがいいでしょう。

へりくだるために「**私なんかネクタイを2本つけても、大木さんほどフォーマルには見えませんよ**」などという表現もいいかもしれません。

クールビズではない人に会ったとき

あなた「クールビズですね」
取引先「えっ!?　ネクタイしてますよ。どうも私はクールビズってヤツが好きになれなくて」
あなた「いやいや、江原さんみたいに、クールなネクタイをクールにキメて

る方は、見てるだけでさわやかになりますよ」

クールビズという慣習を頑として受けつけず、暑い夏場でもスーツの上着を脱がない人がいます。その姿は、**冬場でも意地になって半ズボンでとおす小学生を彷彿《ほうふつ》させ微笑ましいものですが、**ヨイショニアとしては、こういう人を見かけたときも、ぜひヨイショしたいものです。そもそも**ネクタイという紐は、夏には暑いだけで、冬にはたいした保温効果もなく、そうかといって魔除《まよ》けなど他の目的に資するわけでもなく、「人に見てもらう」こと以外になんの役にも立たないものなのです。**ですから、ネクタイを締めている人を見たときは、**「見てますよ。ちゃんと見てますよ」**というメッセージを送ってあげることが大切です。

例では、「クールビズですね」という事実に反するフィル・インから、「クールなネクタイをクールにキメてる方は」というヨイショをしていますが、もちろん**相手が本当にクールである必要はありません。**ここでもキーワードは主観です。あなたが「見てるだけでさわやかになりますよ」といいきってしまえば、それで事足りるのです。
また、こうした人は暑い中でもスーツを脱がないことがプロ意識の表われであると固く信じていますから、**「さすが、プロ意識が違いますね！」**とヨイショするのもいいでしょう。

同僚が成果を上げたとき

あなた「おい、トップガン！　チャーリー・シーン！」
同　僚「古いよ！　しかもそれをいうなら、トム・クルーズだろ！」
あなた「俺みたいなクソバカ野郎には、ハリウッド俳優なんて同じに見えるんだよ！　まったくお前はわが社のエースだよ」

この場面でのヨイショのポイントは「成果を上げた立派なキミ、ダメなボク」という構図をはっきり打ち出すところにあります。ボケのフィル・インから入ることで、その色を強くすることができるでしょう。

いうまでもなく**『トップガン』というのは、エース・パイロットを目指す若者を描いた1986年公開のアメリカ映画**です。そのエース・パイロットの「エース」と「わが社のエースだよ」という言葉をかけているわけです。

洋画ではなく邦画で攻めたいという人は、和製『トップガン』を目指し、**1990年に織田裕二主演で公開された『ベストガイ』**という映画を引用して、**「おい、ベストガイ！　石黒賢！」**というのもいいかもしれません。ただし、相手から「それをいうなら、織田裕二だろ！」というセリフが返ってこないのが欠点です。

上司が若い頃の話をしたとき

あなた「うわあ、部長にもそんな時期があったんですか！　今の姿からは想像もつきませんよ！」
部　長「まあ、みんなそういう時期はあるものだよ」

あなた「俺も今はこんなですけど、部長みたいになれますか？」

職場の上司に限らず、年長者はとかく経験談を語りたがります。とくに自慢話は大好物です。

もちろん参考になることも多いのですが、なかには首をかしげたくなるような嘘くさい話や卑怯そのものの成功談もあります。しかし、そうした話を聞いたときでも、**「さすが！　ハナからものが違いますね、部長は！」「よっ、百戦百勝の鋼鉄の部長！」「部長万歳！」**と心にもない豪快な相づちをうつ不動心を身につけたいものです。

例では、大げさな相づちに続いて、「俺も今はこんなですけど、部長みたいになれますか？」という質問をしていますが、これは「ダメな俺でも」というへりくだりと「部長みたいな人間になりたい」という憧れの気持ちを同時に示すのが目的です。**答えは別に聞く必要はありません。**

セクハラ上司を見たとき

あなた「課長はセックス・マシーンですね！　ジェームス・ブラウンも真っ青ですよ」
課　長「なんだそれ！」
あなた「課長は亜鉛の摂取を禁止！　水銀でもなめててください！」

最近では、セクハラに対する世間の目も厳しくなってきたこともあり、あからさまなセクハラは減ってきたように思いますが、それでもこりない人はいるものです。

そうした場面を見たときには、ヨイショをしつつ諫《いさ》めるのが、ヨイショニアとしての社会正義の遂行になるでしょう。

セクハラを目のあたりにしたときは、まずそれを上回る下品な直接表現で相手を圧倒します。当然、例の「セックス・マシーン」の他にも下ネタをいった相手を圧倒するフレーズは無数にありますが、残念ながらここに書くことはできません。

続く「亜鉛の摂取を禁止！」という表現ですが、亜鉛は性的能力を支える栄養素です。それが不要なほど「すごい！」ということを表現しているのです。

「水銀でもなめてください！」というのは、毒ですから「死んでしまえ！」という意味になりますが、**ときにはヨイショついでに憂さを晴らすのもいいでしょう。**

他社を訪問する1

相手の会社に着いたとき

あなた「さすが立派な会社ですねぇ。働いてる人の顔も違うわ」
訪問先「ははは、そうかなぁ？」
あなた「うちの会社とは大違いだなぁ。うちなんかせまっくるしくて大変なんですよ」

もちろん訪問するのが大きな会社とは限らないでしょう。しかし、たとえ犬小屋チックな小さな会社であっても、「M・I法」でほめることはできるはずです。「アットホームないい雰囲気の会社ですねぇ」といえばいいのです。

また、相手の会社の待遇は、悪ければ悪いほどうれしいもの。こうした場面では、すかさず自分の環境や待遇の悪さを述べるようにしましょう。

他社を訪問する2

名刺交換したとき

あなた「おっ、いいお名前ですねぇ」
訪問先「そうですか？　どこにでもある名前で……」
あなた「いやぁ、僕の知り合いにも同じ名前の人が何人かいるんですけど、みんないい人ばかりなんですよ」

名刺のやりとりなどの場面では、名前自体を「Yスポット」にするのもいいでしょう。

この場合、「伊集院静」「鬼龍院花子」「大豪院邪鬼」など、ふだんから他人に注目されるような珍妙な名前をヨイショしても、いじられ慣れていますから、なかなか効果が上がりません。

また、反対に「鈴木太郎」「山田花子」などの平凡を絵に描いたような名前もまた、小さい頃から繰り返し話題になってきているでしょうから、効果は薄いでしょう。

この例のようなヨイショがもっとも効果的なのは、「佐藤義和」「森好太郎」などの「ありふれているのかどうかもわからない」といった微妙なラインの名前です。

こうした人たちの名前をあえてヨイショすることに妙味があるのです。

他社を訪問する3

お茶を出してもらったとき

あなた「いやぁ、おいしいですねぇ」
訪問先「わかりますか？　じつはこれブラジルから送ってもらった特別なコーヒーなんですよ」
あなた「いいなぁ、こんなコーヒーを出す会社に勤めたい」

他社を訪問してお茶を出してもらうという場面は、営業などの外回りの職種では、かならず経験するものです。**出してもらったお茶へのヨイショは、基本としてぜひ身につけておきたいものです。**「おいしいですね」は食べ物をヨイショする場合の王道フィル・インです。

ただし、例では「ブラジル産コーヒー」でしたから丸くおさまりましたが、相手の出すお茶がかならずしもいいものとは限りません。では、「えっ、これインスタントコーヒーですよ」といわれた場合は、どうすればいいのでしょう。

その場合でもとくに問題はありません。「**ええっ⁉　インスタントでこんなにおいしいなら、ふだん会社で飲んでるコーヒーって、泥水かなんかだったのかなぁ**」などとすぐに「へりくだる」方向にシフトすればいいのです。

他社を訪問する4

雑談が長くなったとき

あなた「ははは、仕事の話に戻らなきゃあ」
訪問先「そうですね、話が長くなってすみませんね」
あなた「いえいえ、こんなに話をしていて楽しい方も、なかなかいませんよ」

商談中の雑談には、一種の罪悪感や引け目がつきまといます。これを巧妙に解きほぐし、「あなたと過ごせて楽しかったです」という文脈に持っていくのがポイントになります。**間違っても「雑談が長過ぎて、世紀をまたぐかと思いましたよ！」などといってはいけません。**

例では、「仕事の話に戻らなきゃあ」とこちらから雑談を打ち切っています。この時点で、「**あなた↓真面目、相手↓不真面目**」の図式を構築できるので、精神的に優位に立つことができます。そこで卑屈になっているであろう相手に向かって、「こんなに話をしていて楽しい方も、なかなかいませんよ」と持ち上げるところに、このヨイショの妙味があるのです。

雑談が長引く要因は、お互いが話を終わらせるタイミングを見つけられないことにあり、一種の共犯関係が成立しています。微罪・重罪を問わず共犯関係というのは親密なものです。

こうして距離を近づけておくことは、あなたのビジネスを有利にすることでしょう。相手にもよりますが。

顧客が来訪した1
相手を出迎えたとき

あなた「お待ちしておりました、松井さん！　まったくウチの鈴木がお世話になりっぱなしで申し訳ありません」
取引先「いやぁ、別にそんなことないですよ」
あなた「鈴木は松井さんを兄貴みたいに慕ってるんですよ」

1章で紹介したヨイショの基本3要素の一つに「好意・思いやりを示す」というものがありましたが、この場合はやや変則的で、**自分自身ではなく会社の同僚からの好意を示すというテクニックを採用しています。**

例では「兄貴みたいに慕ってるんですよ」といっていますが、**別に実際にそういう話を同僚から聞いている必要はありません。**

この嘘はバレないからです。お客さんが同僚に確かめるはずもありませんし、もし確かめられたとしても「そんなことといってませんよ！　なんであなたが兄貴なんですか！」とはいわないでしょう。**大丈夫です。**

顧客が来訪した2

相手が手みやげを持ってきたとき

あなた「こんな立派なものをいただいても、お返しできませんよ！」
取引先「ははは、そんなたいしたものじゃないですよ」
あなた「こんな高級品とは縁がないもので、取り乱しちゃいましたよ！」

高級品や高級に見える品の場合は、例のようなパターンでヨイショしましょう。

「はしゃいでいる」というトーンでヨイショするのがコツです。

とくに、最初の「お返しできませんよ！」というフィル・インなどは声が裏返るぐらいのハイトーンでいうようにしましょう。自分が知っているものだったときには「うわあ、これ好きなんですよ」というのもいいでしょう。

他にも少しポイントをずらして「仕事ができる人って、品物選びにもセンスがあるんですよね！」と相手の能力をYスポットにする方法もあります。

顧客が来訪した3

相手を見送るとき

あなた「今日はありがとうございました！　長嶋さんとお会いすると勉強になります！」
取引先「そんなぁ」
あなた「ぜひ出口まで送らせてください！」

相手を見送るときに大事なのは、「どこまで相手を送るのか？」です。

ビジネスマナーの本によると、エレベーター前まで、会社の玄関まで、会社の外までと、遠くまで見送れば見送るほど丁寧になるそうですから、**もっとも敬意を表現するには、そのまま相手の会社までついていくのがベストということになります。**

しかし、あなたにも仕事があるでしょう。いちいち客が来るたびにその人の会社には行っていられないはずです。

そこで、せいぜい見送るのは会社の外までとし、あとは「ぜひ、そこまで送らせてください！」という事前の言葉の響きでカバーしましょう。**するのがあたり前のことでも、わざわざ宣言してからすると、なにかたいしたことをするように聞こえるから不思議です。**

たとえば、友達が家に来ているときに、部屋にあるゴミ箱の中身を台所のゴミ袋に移す作業をするとします。黙ってその作業をすれば、友達も生活の一風景としてなんとも思いませんが、「**俺はこれから、このゴミを台所のゴミ袋に移してくるから**」と宣言してからすると、友達もなんだかその作業が意味ありげなものに思えてくるから不思議です。

取引先の人がリストラされたとき

あなた「次はなにするんですか？」
取引先「できれば、同じ職種の仕事を探そうと思うんですが、今はまだ考えられないですね」

あなた「西村さんなら、なにしても食っていけるでしょ。あとはふさわしい職場を見つけるだけじゃないですか？」

ここで大切なのは、驚いたトーンを出さない「トーン・コントロール」と、相手の能力を評価する言葉を入れることです。

例では、「次はなにするんですか？」と平然と「次」の仕事の話でフィル・インしています。相手が若い人の場合は、実際次の仕事を見つければいいだけの話なので簡単でしょう。

難しいのは、50代のリストラといった誰が見ても絶体絶命の状況の場合です。

なんとなく「会社が悪い」というニュアンスは入れ込んだほうがいいのですが、これからも付き合いのある会社でしょうから、**「ホントにクソみたいな会社ですね」などというわけにもいきません。**

せいぜい、「やっぱり、西村さんはあの会社に収まる器じゃなかったんですね」

という言い方が精一杯でしょう。

こうした場合は、「**そうですか……、多いですね、最近**」という「あなた一人じゃない」という表現や、「**〇〇さんみたいな人でも……、厳しいですね**」というあいまいな表現を使うといいでしょう。

もちろん、ヨイショをしたところで相手のクビがつながるわけでもありませんが、去りゆく人にいたわりを見せるのは人として大事なことです。

自分がリストラされたとき

あなた「君らなら、この会社をさらなる発展に導くことができる！」
同僚・部下一同「……」
あなた「うぅ……（泣）、見える！　この会社の明るい未来が見えるぞ！」

ビジネス編の締めくくりとして、会社を辞めるときのヨイショについても紹介しておきましょう。

リストラされた場合など、最後に恨み言の一つもいいたくなるものですが、それではヨイショニアとしては失格です。**去り際の一言までヨイショになっていてこそ、真のヨイショニアというものです。**

この場合のトーンは「劇的に泣く」感じにしましょう。というか、**この場面は泣くなといわれても泣けてくるのではないでしょうか。**そして、自分の勤務した会社、一緒に働いた同僚たちを切々とヨイショします。

まあ、いくらヨイショがうまくいったからといって、切られたクビがつながるわけでもありませんが、ポリシーを持って生き方をまっとうする姿はいつの世でも美しいものです。

ヨイショニアの死に花を見せつけてやりましょう。

文書・メール編　書くヨイショはここが違う！

書くヨイショには、話すヨイショとは違う工夫が必要です。最近の研究でも、**話し言葉のヨイショは口を使うのに対し、書くヨイショは手を使う**、という重大な違いが明らかになっています。

そもそも、文書やメールは、多くの場合は用件を伝える目的で書かれます。ですから、ヨイショに夢中になるあまり、用件を書き忘れてしまってはいけません。**メールの件名に「ヨイショ」と書くのもマイナスです。**

件名には、ちゃんと用件を書きましょう。封書の場合も、「ヨイショ在中」のような余計なことは書いてはいけません。

内容も、用件がきちんと伝わり、しかも相手のYスポットを鋭く突くような文章を書きましょう。

文書やメールでは、「**トーン・コントロール**」が使いにくいという欠点があります。たとえば、**サンバのリズムに乗って体を揺らしながらメールを書いても、**

読み手にはそのテンションが伝わるとは限りません。書くヨイショでは、トーンやテンションよりも、**言葉の意味内容**で勝負しましょう。

文書やメールでは、**「ほめてるようにも思えるけど見方によっては貶《けな》してるようにも思える」ような表現は避けることが大切です。**

そのような表現でも、話し言葉では、声のトーンや顔の表情によって相手に真意を伝えることができますが、書き言葉ではそれができません。ですから、書くヨイショでは、誤解を招きかねない表現は避ける、ということが原則になるのです。「あの人なら誤解しないで読んでくれるだろう」というのは一種の甘えです。**他人というものは、つねにあなたの言葉を誤解しようと狙っているものなのです。**それで、誤解したくても誤解できないくらい、意味が明瞭な文章を書くことが大切なのです。

話し言葉ではさほど気にならない敬語の乱れや文法上の間違いも、書き言葉では意外に目立ってしまうものです。

とくに、目上の人に対する文書やメールでは、尊敬語と謙譲語の使い分けに注意が必要です。

たとえば、**「先日は食事のご招待を私に差し上げてくれてありがとうございました。私も大変おいしく召し上がることができ、私のご足労の甲斐がありました」**のようなメールは、内容はたしかに相手をほめているのですが、自分について尊敬語を使ってしまっているため、怒りを買うことは必定です。

書くヨイショでは、原則として、相手からのリアクションを期待するような「フィル・イン」は使わないほうがよいでしょう。

たとえば、1章では例として「あなたは紫陽花《あじさい》みたいな人ですね」というフィル・インを紹介しました。1章は話すヨイショを前提にしているので、相手が「どういうことですか？」と聞き返してくれて、それに対してあなたが「雨が似合うってことですよ」とヨイショすることになっています。

でも、書くヨイショでは、「あなたは紫陽花みたいな人ですね」という一言だけ書いたメールを送っても、「どういうことですか？」というメールが返信されてくるとは限りません。かえって、「気持ち悪い人だ」とか、「『紫陽花』ってなんて読むんだ?」と思われ、返信してもらえず、以後のヨイショのチャンスを永久に失うことになりかねません。

書くヨイショでは、相手から返事が返ってくることを期待してはいけません。一通の文書、一つのメールで完結するようなヨイショを心がけましょう。

以上、書くヨイショ特有の注意点を挙げてきましたが、文書やメールの最大の特長は、一度読み終わってもまた読み返すことができる、ということです。

上級者は、「読めば読むほど味が出る」ようなヨイショにチャレンジしてみましょう。

メール1

はじめてのメール

「有栖川様のメールアドレスには常々感服いたしております。有栖川様のお人柄がにじみ出るようです。このたび、仕事の関係とはいえ、こうして憧れのアドレスにメールを送信できる機会を得ましたことを、この上ない光栄と存じております。」

ふつう、はじめてメールする相手についてはト分な情報を持っていないので、Yスポットを見つけることは非常に難しいでしょう。でも、あなたは、はじめてメールする相手について、最低でも一つの情報を確実に持っているはずです。それが、**メールアドレスです。**もしもあなたが、**はじめてメールする相手のアドレスを知らないとしたら、どんなに素晴らしいヨイショ・メールを書いてもそのメールは相手に届きませんので、そのヨイショはあきらめたほうがよいでしょう。**

メール2
事務的な連絡のメール

「三都主さま
突然のメール、しかも大きな字で失礼いたしました。以前から三都主さまとお仕事をすることを楽しみにしていたため、つい宛名のフォントが大きくなってしまいました。
さて、このたびは、餃子の輸入の件でメールを差し上げました。（以下略）」

事務的な連絡のメールは、じつは事務的な連絡を伝えることを主な目的としています。ですから、あまりヨイショばかりするわけにはいきません。そこが難しいところなのですが、そんな中で、**初心者でも簡単にできるヨイショが、宛名（相手の名前）を大きく書く、という方法です。**メールにはトーン・コントロールが難しいという欠点がありますが、メールの長所を生かすのがこのヨイショです。字の大きさを変えたりすることで、トーン・コントロールに似た効果を出すことができます。

メール3
添付ファイル付け忘れメールへの返信

「メールありがとうございます。頂戴いたしましたメールに、『餃子についての詳細は添付ファイルにてお送りいたします』とありましたが、残念ながら私のパソコンには、添付していただいたファイルを拝見するためのソフトがインストールされておりません。恐れ入りますが、違う形式で再送していただけませんでしょうか？　何卒よろしくお願いいたします。」

相手の長所をほめるのだけがヨイショじゃありません。相手のミスをフォローするのも、立派なヨイショ（美《ちゅ》らヨイショ）です。

単刀直入に相手のミスを指摘するという方法もありますが、それではヨイショになりません。

相手のミスでさえＹスポットに変えてしまえばいいのです。

そうはいっても、**相手がミスに気づいてくれなければ、肝心な餃子の輸入が実現しません。**

そこで、**添付ファイルを見ることができない原因が自分のほうにあるような言い回しをすることによって、それとなく相手が自分のミスに気づくように仕向けるとよいでしょう。**

そうすれば、気のきいたヨイショをしたあなたの評価は高まり、今後の付き合いの中では、添付ファイル以上の利益が添付されてくるかもしれません。

メール４
ひさしぶりに連絡をとる友達へのメール

「毎日残業らしいな。同期で入社したのに年々お前ばかり仕事が増えて、今じゃ一緒に餃子を食う時間もあんまりないよな。実績があるから信頼されてるんだろうな。次の金曜の夜も忙しいだろうけど、たまには酒でも飲みながらできる男の仕事術を伝授してほしいな。」

しばらく連絡を取り合っていない友達は、たいていはあまり仲良くない友達です。だからといって友情の薄さをアピールしてもヨイショにはなりません。それで、お互いに連絡しなかった理由が相手の仕事上の能力にあるかのように装えば、相手の気分を害さないですみます。もちろん、**残業ばかりしているのは仕事が遅いからなのですが、世の中には仕事量を作業時間で計る人もいるのです。**

ちなみに、ふだん連絡を取り合っている友達に対しては、**「ひさしぶり。あれ？おととい会ったっけ？　でも、お前とは半日に一回は会わないと俺は寂しいよ。だから、2日も会わないと『ひさしぶり』なんだ」**のようなメールを送るとよいでしょう。ただ、**あまり「寂しさ」を強調しすぎると、違う感じになるおそれがあるので注意してください。**

メール5
電車の中で電話に出られないときのメール

「先ほどは電車内におりましたため電話に出られず申し訳ありません。工場長さまは私にとって特別な方ですので、マナーモードにしていた私の携帯も喜びのあまりマナーを忘れて踊りだしました。降りたらすぐこちらからかけなおしますので、少々お待ちください。」

こういうケースでは、あなたが電話に出なかっただけでも相手はやや不快に感じているかもしれません。

そこで、電話に出られなかったのには正当な理由があるということを理解してもらう必要があるのです。しかし、それだけなら誰でもやることです。上級者を目指すなら、ピンチさえもチャンスに変えてしまいましょう。

もちろん、**携帯は「喜び」など感じていません。**相手もそんなことはわかっているはずです。

しかし、この程度のかわいい嘘は、気分を害しているかもしれない相手をなごませる効果を発揮するはずです。

相手に好意を持ってもらうためには、ヨイショをしながらさりげなく自分の「かわいげ」をアピールすることが大切なのです。

メール6

気になる相手を食事に誘うメール

「前から気になってた店があるんだけど、すごくお洒落な感じで、あの店に似合う人は君以外にはなかなかいないんだ。それに俺、いつも餃子ばっかり食ってて、ワインの味とかわかんないから、教えてほしいんだ。悪いけど付き合ってくれないかな?」

もちろん、あなたは事前に下見をしているはずですが、**はじめて行くふりをしておきましょう。**この場合、その相手とその店に行くことに必然性がなければ、下心がばれてしまいます。例文では「店の雰囲気に似合う」ことと「**ワインの味わい方を教えてほしい」という2点が、必然を装うための工夫**ですが、その工夫が同時にヨイショにもなっているわけです。「ワインの味がわからない」というのは、「へりくだる」というヨイショの基本を実践しているわけです。しかも、そのことで相手に「私がついていないといけない」と思わせる効果も期待できます。

メール7
失恋した友達に送るメール（男性同士）

「『男の価値は恋人と別れたときの表情で決まる』って諺《ことわざ》知ってるか？知らないだろうな。だって俺の言葉だもん。今日のお前のへこんでる顔が愁《うれ》いを帯びてて妙にかっこよかったから、俺がお前のために新しい諺を考えてやったんだよ。一人で憂いに沈んでても慰めてくれる女はいるだろうけど、引き立て役が欲しかったらいつでも付き合うよ。」

あ、気づいちゃいましたか？　ふつうは失恋した友達は放っておいたほうがいいということに。**すばらしい。失恋したことのないはずのあなたが、失恋した人の気持ちを理解するなんて、さすがです。**そう、これは非常に難しい状況です。こういうときに大事なのは、慰めの言葉をかけることよりも、相手のことを気にかけていることを知らせてあげることです。だって、一通のメールで完全に失恋の痛手から立ち直るなんてことは、ありえませんからね。この場合、ポイントは「失恋」という単語を使わないことです。

「別れた」と言い換えれば、どちらが振った側かがあいまいになります。困ったらとりあえずあいまいにしておく、というのがヨイショの奥の手です。

メール8

失恋した友達に送るメール（女性同士）

「こんなときにゴメンね。リアちゃんみたいに一途《いちず》に一人の人を好きになる人のこと、私好きだよ。さっき私の彼氏に今日のこと話したら、やっぱりすごく感動しちゃって、『俺が付き合っちゃおうかな』だってさ。ムカつくよね。今夜は思いきり泣いたらいいよ。このメール、返信は不要だからね。」

またまた、失恋した友達に送るメールです。今度は女性同士のケースですが、これは男性同士のケース以上に危険です。

女性同士の友情なんてものは、こういう場合のデリカシーのない一言で、簡単に崩壊してしまうものだからです。もちろん、あなたは自己憐憫《れんびん》に陥っている相手に対していらだっていることでしょう。でも、見方を変えれば、これはヨイショ・チャンスです。

なぜなら、**自己憐憫に陥っている人というのは、自分以外の誰かから「かわいそう」といってほしいものだからです。**相手のその欲求を上手に満たしてあげることができれば、あなたのヨイショは成功です。

よくありがちな、「○○ちゃんのことをフルなんて、彼のほうに見る目がないんだよ」のようなフレーズは、**失恋したばかりの人に対しては逆効果です。**そこで、失恋してしまった今このときの相手の心情そのものを、ヨイショしてしまいましょう。

右の例文で、「私の彼氏」の言葉は、ちょっと危険ではありますが、相手が男性にとって魅力的だというメッセージとして、あえて入れておきます。

もちろん、相手がこういう言葉に敏感に拒否反応を示すような性格の場合は、カットしても差し支えありません。

相手としては、「こんなときにメールくれても、こっちは返信する余裕もないよ」というのが本音でしょう。

そこで、「返信は不要だよ」という一句で気遣いを示せば、真の友達としてのアピールになるでしょう。

相手がもし「誰かに今の気持ちを話してラクになりたい」と思っているとしたら、あなたがいくら「返信は不要」と書いても返信してくるか電話をかけてくるでしょう。それならそれで、気がすむまで話を聞いてあげてください。このようにすれば、相手がそっとしておいてほしかったらそっとしておいてあげることもでき、相手が話し相手が欲しいのなら話し相手になってあげることもできるわけです。

つまり、「返信は不要だよ」の一言は、あなたに話し相手になってほしいかどうかを相手に決めさせてあげるための、思いやりの言葉でもあるわけです。

ちなみに、「返信は不要です」の一言は、相手に対する気遣いの印として、他にもいろいろなときに使えるフレーズですので、覚えておきましょう。

メール9

待ち合わせに遅れそうなときに友達に送るメール

「お前はいつもたくさんの人に待っててもらえて、うらやましいよ。だから俺もたまにはお前のような友人に待っててもらいたくなって、少し遅めに家を出た。今は一刻も早く会いたくて、電車の中でも走っているんだけど、やっぱり間に合いそうにない。申し訳ないけど10分から16分ほど遅れそうだ。」

「なにとなく君に待たるるここちして出でし花野の夕月夜かな」
――与謝野晶子『みだれ髪』

いや、右の例文のケースはじつは「なにとなく」（なんとなく）ではないんですが、**とにかく、あなたを待っててくれる人がいるというのは、幸せなことです。**「人を待たせる」ことと「人に待っててもらえる」こととは本当は別なのですが、意図的にそれを混同することでヨイショしているのが、右の例文です。

ちなみに、もしも「10分ほど」と書いてしまってそれ以上遅れたら相手の気分を害しますし、「16分ほど」待たせるのは図々しい、ということ、よくありますよね。そういうときは、あえて待っててもらう時間に幅を持たせておきましょう。

メール10
デートに遅れそうなときに送るメール

「ごめん。あなたを喜ばせてあげようって思いながら洋服選んでたら、着替えに時間かかっちゃった。それに、プレゼントも買ってたしね。だからちょっとだけ遅れる♥ 悪いけど待ってて。後悔させないから。P.S. 待ってる間にかわいい娘に声かけられてもついていかないでよ。」

なんだか自分勝手な例文だと思ったあなた。**すばらしい。じつはそのとおりなのです。**だって、**自分の遅刻を正当化するメールが、自分勝手でないはずがありません。**

でも、相手の心をくすぐって気持ちよくさせ、それによって結局は自分にも利益があるように仕向けるのがヨイショの極意です。

最高のヨイショとは、自分と相手の両方が幸せになれるような、WIN-WINのコミュニケーションであるべきです。

ですから、じつは、このような言い訳メールで自分の失敗をうまく繕《つくろ》い、同時に、相手が待たされても許しちゃうように仕向けるメールも、ヨイショの精神に合致するものなのです。

右の例文の場合、まず「着替え」の部分で彼氏の性欲をくすぐっています。あなたは別にエッチなことはなにも書いていないのですが、**彼氏は勝手にエッチな想像をするはずです。なぜなら、あなたの彼氏は、おそらく男だからです。**次に、例文は「プレゼント」の部分で彼氏の物欲をくすぐっています。

もちろん、プレゼントは愛情表現でもありますから、**あなたに愛されたいという彼氏の欲求に応えることにもなります。**

さらに、「P.S.」以下の部分では、彼氏がモテモテであるかのようにいうことで**自尊心をくすぐっています。**

もちろん、あなたが遅刻する本当の理由は、単なる寝坊か、他の男と会っていたかのどちらかでしょう。

そうだとすると、ただでさえ遅刻するのに、この上さらにプレゼントを買って行く時間的余裕などはないわけです。

だから、**例文のようなメールをいつでも送れるように、あらかじめ数種類のプレゼントをストックしておくとよいでしょう。**ヨイショの技術とは、小道具を使いこなす技術でもあるのです。

そして、プレゼントとは、目に見えない愛情を形にすることのできるような、いや、時と場合によっては**存在しない愛情だって形にできるような、魔法の小道具なのです。**

メール11 接待で帰りが遅くなりそうなときに妻に送るメール

「今日、取引先の松井さんに君の写真を見せたら、俺みたいな男に君みたいな美人はもったいないっていわれた♥　そんなこといわれると家に帰りづらくなるよ。こうなったら、これから、結婚前に君とよく行った六本木のバーでワインでも飲みながら、松井さんに徹底的に君のことを自慢してやろうと思うんだ。どんな反応するか、結果は明日の朝にでも報告するから、今夜は先に寝てていいよ。ただし、寝てる間、１秒でもいいから、俺の夢見てくれよな。じゃ、素敵な夢を。」

この例文は、ただロマンチックなだけではありません。**「ほめる」「へりくだる」「好意・思いやりを示す」というヨイショの3要素を見事に兼ね備えているのです。**

まず、「君みたいな美人」という表現で相手をほめています。次に、「俺みたいな男に……もったいない」という部分でへりくだっています。そして、「先に寝てていいよ」ということで相手に思いやりを示し、「俺の夢見てくれよな」の一言で愛情を表現するのです。

あなたを待っている奥さんに対して送るメールは、なんでもいいからロマンチックにしておけば、奥さんは怒りたくても怒れないはずです。**クサくても、いいんです。**だって、ふつう、奥さんに面と向かってこんなロマンチックなことといえないでしょ? **メールだからこそ、面と向かってはいえないようなクサいセリフも書けるわけです。**

ロマンチックな演出のためには、嘘でもいいから、これから相手と飲む酒はワインにしておくべきです。「ビール」とか「焼酎」とか「ホッピー」とか「餃子」

とかは、その単語を使うだけでロマンチックさが失われるので、極力避けましょう。カクテルもロマンチックではありますが、取引先の人とカクテルを飲むのはちょっと不自然です。場所も、六本木か原宿か青山ということにしておきましょう。間違っても、新橋か御徒町か西川口であることを打ち明けてはいけません。

暑中見舞い1

友達へ

「おい、少しは自重したらどうなんだ？　今年は例年にもまして暑いけど、もしかして、みんなから「熱い男」と呼ばれてるお前が熱源になってるんじゃないのか？　ほんとにお前は、仕事でも私生活でも熱意にあふれてて、真夏の太陽みたいにまぶしいよ。でも、たまには自分のためにエネルギーを蓄えてもいいんじゃないかな。」

「書くヨイショはここが違う！」の項目で、書くヨイショでは「フィル・イン」

は避けたほうがいい、といいましたね。

しかし、例外があります。それが、暑中見舞いや年賀状などの儀礼的な書簡です。**儀礼的書簡に儀礼的内容を儀礼的**文章で書いたのでは、要するに**儀礼的**であって、相手の心に響きません。

もちろん、心のこもっていない儀礼的文書を送るという行為自体が一種のヨイショなのだといえないこともないのですが、それは誰でもやることなので、プラスアルファが必要です。

そもそも今の日本には、内容のない浅薄な言語が満ちています。定型にはまった、どこかで聞いたことがあるような、他人の手垢《てあか》にまみれたコトバたち。じつにみじめです。

もはやシニフィエから切り離されてしまったかのような無意味なシニフィアン。これが日本人の「コトバ」なんでしょうか。相手の精神と身体を揺るがすような魂の叫び——言霊《ことだま》——はどこへ行ったのでしょうか。

いや、どうも著者はインテリゲンチャの素性を表わしすぎたようです。とにかく、今の日本に巣食っている形式だけのコミュニケーションを抜本的に改めるための新しいコミュニケーションが、今、生まれようとしています。

それが、「ヨイショ」なのです!!!

ヨイショとは、ときに、定型と因習の殻を打ち破り、相手の五臓六腑《ごぞうろっぷ》に染みわたるようなコトバとなってほとばしるのです。

暑中見舞いでヨイショするためには、冒頭で意外な言葉を使って相手の注意を引くことが効果的です。

この例文では、「少しは自重したらどうなんだ?」というちょっと挑発的な文句で「フィル・イン」を行なっています。

もちろん、**この方法が使えるのは、相手がある程度あなたと親しい友達の場合に限られます。**もしも相手がちょっとした知り合い程度で、しかも最初の一言を読むとすぐ怒り出してその先を読まないような短気の人の場合は、最初の一文はカットしたほうがいいでしょう。

また、「自分のためにエネルギーを蓄えてもいいんじゃないかな」のような一言で、相手への思いやりを示すことも大切です。

暑中見舞い2

上司へ

「暑中お見舞い申し上げます。相変わらず猛暑ですが、私としましては部長とお仕事をするときには暑さも忘れ、なんとなく涼しくなる気がいたします。部長は地球温暖化を防止するためにもなくてはならない存在です。拙宅でも風鈴の代わりに「COOL BIZ」マークのついた部長のお写真を飾らせていただいて涼を楽しんでおります。私のような暑苦しい部下で申し訳ありませんが、今後とも暖かいご指導を賜りたく、お願いいたします。」

右の例文は猛暑バージョンですが、ふつうの暑さの年には、「相変わらず猛暑ですが」という一節を省いてもよいでしょう。

一方、**冷夏の場合は、暑中見舞いを出すのは論理的におかしいと著者は考えま**

す。冷夏には「暑中お見舞い申し上げようかと思いましたが、お見舞いするほどの暑さではないのでやめました」のような手紙を出すという方法も考えられますが、このような手紙はあまり前例がないのでやめたほうがいいでしょう。

冷夏でもどうしても暑中見舞いを出さないといけないような暑苦しい人間関係に苦しんでいる方には、著者からもお見舞い申し上げます。その場合は仕方がないので、**「お陰さまでこの夏はだいぶ過ごしやすく感じます」**のような意味のない文章を書いてごまかしましょう。

それに付け加えて、**「今年のように暑さも厳しくなければ、仕事の意欲も倍増し、多少は部長に近づけるかな、と思っております」**などのフレーズを入れておけば無難でしょう。

なお、「涼しい」とか「ＣＯＯＬ」とかの単語は大いに使ってよいのですが、「寒い」という単語は避けましょう。

たとえば、**「部長のお言葉を思い出すとなんだか背筋が寒くなり、暑さも忘れることができます」**とか、**「部長のお顔を想像するだけで寒気がします」**のような文章は、まったくヨイショになっていません。冷房も寒すぎないよう28度設定がすすめられています。寒すぎず、暑すぎず、涼しいくらいがちょうどよいのです。

また、いくら暑いからといって、「まったくサウナのような蒸し暑さですね。天気予報によると今後一週間はインフルエンザの人の体温並みの気温になるそうです。いや、まったく暑い。なんといっても暑すぎます。夜になっても気温が下がらず、最低気温が最高気温より高いように感じます」のように暑さばかりを強調しすぎては、本来の目的から完全に逸脱しています。暑さを強調するより、相手に涼を感じてもらうような工夫を心がけたほうがよいでしょう。

年賀状1

友達へ

「年が明けるとなにがそんなにめでたいんだか、俺はときどきわからなくなる。でもこの年賀状を書こうとしてペンを持った瞬間、俺は気づいたんだ。

「新年は、お前に俺の年賀状を読んでもらえるから、めでたいんだな。来年もお前に年賀状を読んでもらえるような人間でいようと思うから、今年もよろしくな。」

最初の一文は、じつは著者がいつも思っていることなんです。みなさん、いったいなにがうれしくて、「明けましておめでとう」なんていってるんですか？

12月31日が1月1日に変わると、そんなにめでたいんでしょうか。じつに不思議ですが、その疑問を逆手にとって編み出したのが、右の例文です。

友人に年賀状を読んでもらえるだけで「めでたい」といえる人なんて、それこそ「おめでたい」人だといわれるかもしれません。でも、紙の手紙（なんだか字が重複してますが、それが重複しているとも思えないほど、紙じゃない手紙が普及してます）が珍しくなった昨今、せっかく紙の手紙を出す機会なのですから、そこをうまく使ってヨイショしたいものです。

なお、あなたの「かわいげ」をアピールするためには、年賀状では文章だけで

なく絵柄も大切です。そこで、他の友達との差別化を図ってあなたの年賀状を目立たせると同時に相手の笑いを誘うため、**左の表を参考にして、干支《えと》とはちょっとだけ違う動物を描くといいでしょう。**

子（ねずみ）→パソコンのマウス
丑（うし）→水牛
寅（とら）→マーライオン
卯（うさぎ）→バニーガール
辰（たつ）→タツノオトシゴ
巳（へび）→ウミヘビ
午（うま）→シマウマ
未（ひつじ）→ヤギ
申（さる）→ゴリラ
酉（とり）→ヤンバルクイナ

戌（いぬ）　→シーサー
亥（いのしし）→ラフテー（豚の角煮）

年賀状2
上司へ

「今年は記念すべき部長の生誕52周年ですね。私の初夢では部長が鷹《たか》に乗って富士山に降臨してナスを召し上がっていらっしゃいました。そんな幸運を身につけていらっしゃる部長についていけば、今年はなにかいいことが起きそうです。信じてどこまでもついていく所存ですので、今年もご指導ご鞭撻《べんたつ》の程よろしくお願いいたします。」

年賀状は初夢を見る前に投函するものなので、初夢の内容を年賀状に書けるはずがないのですが、そのへんは気にしなくてもかまいません。
たしかに嘘をついてはいけませんが、書いたことを事実にしてしまえばいいのです。「夢」とは、かならずしも睡眠中に見るものである必要はなく、**勝手な空想、つまり白昼夢でもかまいません。**書いたあとで書いたとおりに白昼夢を見ればよいのです。

初夢では「一富士二鷹三茄子」といって、富士山や鷹やナスを見るとめでたいとされています。ふつうはこの三つが同時に出てくる夢など見られるものではないので、全部そろった夢ほどめでたいものはありません。

右の例文では、正月の祝賀ムードに乗る形で、相手と幸運さとを結びつけているわけです。**ちなみに中国では新年に餃子を食べます。**

たいていの人は正月を迎えるたびに、「自分にとって今年がいい年であればいいなぁ」と思うものです。しかも**たいていの上司は、よい年にするための自助努力などはしないものです。**すべて運まかせ、他力本願です。

だから、その上司にとって努力しなくても今年がよい年であるという兆候を年賀状で伝えておけば、相手は喜ぶでしょう。また、**上司というものは、仕事上も、自分の努力ではなく部下の努力によって手柄を立てようといつも狙っているもの**

なのです。だから、「**今年もとことんあなたについていきます！**」というメッセージを年賀状に含めておくと、ちょうどよい感じのヨイショになるでしょう。

また、上司にはたくさんの年賀状が届くため、前項で挙げたような干支と少しだけ違う動物の絵を描くだけでは不十分です。**パンダなど、干支とはまったく関係がなく、他の人が絶対に描かない動物を描いて相手の意表を突くのも有効です。**

年賀状3

妻へ

「君と一緒にまた新年を迎えられてうれしい。まさか僕から年賀状が届くとは思わなかっただろう。毎年義理で何十人もの人たちに年賀状を送っておきながら、一番大切な人に送ったことがないってことに気づいたんだ。これからも、何十回、何百回もの新年を、手を携えて一緒に迎えて生きていきたい。こんな僕だけど、まずは今年1年、よろしくね。」

「どうして家族に年賀状を送るの？　用事があれば直接伝えればいいじゃん」とお考えの方。それもごもっともではありますが、郵便局も民営化して頑張ってるんです。少しは協力してあげましょうよ。**それに、ふつうは手紙を送ったりしない家族だからこそ、年賀状を送ること自体がヨイショになるのです。**

例文は「妻へ」の年賀状ですが、当然、他の家族への年賀状にも応用可能です。

結婚式の招待状

「このたび、私たちは、これからの人生を共に歩むことを決意しました。つきましては、日ごろとくに親しくお付き合いさせていただいている方々だけをお招きし、下記の日時に結婚式ならびに披露宴を行なうことといたしました。私たち二人にとっての仲人のような皆様に、ぜひ二人の新たな門出に立ち会っていただきたく、お願い申し上げます。」

結婚式の招待状では、義理で招待しているのではなく、本当に出席してほしいのだという誠意を見せることが必要です。それを強調するためには、「**私が挙げる次の結婚式にもその次の結婚式にも必ず出席してください!!**」といってもよいのですが、それでは真面目な人はかえって出席する気を失くすでしょう。

相手が既婚者ならば、「**今後は○○さまご夫妻のような幸せな家庭を築いていきたいと思います**」のような一文を付け加えてもよいでしょう。ただし、相手がしょうもない上司の場合は、秘密裏に離婚している可能性もあるので要注意です。

友達の結婚式に送る祝電

「負けたよ。君は俺より幸せになりそうだ。僕ら夫婦より幸せになるなんて、ばかやろう。そして、心から、おめでとう。」

冠婚葬祭での電報は、ある程度決まった形式や礼儀作法があるため、その作法

からはずれれば失礼になります。

しかし、定型どおりの文章を送ったのではヨイショになりませんし、他の電報と同じような内容になってしまい、新郎新婦の心には残りません。

つまり、**ヨイショしようとする以上、多少は失礼になることを承知のうえで電報を打たなければならないのです。**

そうはいっても、失礼なだけの電報を送ってはヨイショどころではありません。形式的には失礼でも、いや、失礼だからこそじつは心に響くような言葉を見つけましょう。

「ばかやろう」なんて言葉は、祝いの席では（というか普通の席でも）失礼にあたりますが、相手の幸せへの冷やかしとして使えば、相手の心に残ることでしょう。

恋愛編 ― 男性向け ― 女性をヨイショするには

ここまでさまざまな場面におけるヨイショを見てきましたが、恋愛におけるヨイショには他の場面にはない独特の機微があります。

女性を相手にヨイショをする場合、気をつけるべきポイントとはなんでしょう？　男性に対する場合となにが違うと思いますか？

一つ目はあまり「ひねらない」こと。

女性に技術論に走ったような冗談は通じない、と覚えておいたほうが無難です。

男同士なら大爆笑になるはずのイカしたジョークを、女の子に話したらシラーっと受け流された経験は誰にでもあるでしょう。男性は仲間同士で話していても、いかに面白いことをいうか、相手を笑わせるかということに血道を上げています。「面白いヤツ」といわれることは、男性の間では最高の評価なのです。とくに関西ではその傾向が強いですよね。

一方、**女性はそこまで面白さを追求しません。**彼女達は面白いことをいいあって笑う、というよりは**恋愛話や仕事上のグチなどで盛り上がり、みなで同調しあう、ということに重点が置かれています。**「そうそう!」「わかるわかる!」が女子の口癖です。つまり、男性と違い、女性は会話に冗談を必要としないのです。もちろん、女性が冗談を解さないというわけではありませんが、男性とは冗談の受け取り方が違う、ということは知っていて損はないでしょう。

二つ目は「相手に寄り添う」こと。

先ほど述べたとおり、男性は、会話においてネタを出しあうという「対立」的な関係性を呈し、**女性は「波長を合わせる」ことを重視します。**

ですから、**女性をうまくヨイショするには、凝った言い回しよりも、相手に寄り添い、ケアしてあげる姿勢が大事になります。**

今まで見てきた**「産卵して死ぬ直前のサケみたいに輝いているね」**などというテクニカルなヨイショより、心を込めてただ一言「かわいいよ」といってほしいのが女心というもの。**笑わせるのも大切なことですが、女の子が安心できる雰囲気を作る心の余裕も、持ちたいものですね。**

彼女が露出度の高い服だったとき

あなた「今日の服ちょっと胸開きすぎじゃない？」
彼　女「そうかな？　セクシーでいいでしょ」
あなた「俺はいいけど、でもやっぱダメだよ」
彼　女「あ、焼きもち？」
あなた「ち、違うよ！　俺が我慢できなくなっちゃうだろ！」

あなたは彼女にセクシーな格好をしてほしいですか？

もしそうでなければ、彼女が人前で露出度の高い服を着るのはあまりいい気がしないでしょう。

他の男に見られるのも嫌だし、女性としてちょっとはしたないんじゃないか、という老婆心だってあるかもしれません。

しかし、彼女はそんなあなたの心配をよそに、これでもかという露出の服を着てきたとしたら。

　そんなとき、「そんな格好して！　みっともない！」とお父さんのように一喝**してしまうと、彼女がせっかくかわいいと思って着てきた服を、ひいてはそれを選んだ彼女自身も否定することになってしまいます。**

　場合によっては、女を管理したがる器の小さい男と思われてしまうかもしれません。

　彼女のファッションセンスを否定しないように、この例のようにあくまで**「自分のために」着ないでほしい、**とお願いすれば彼女は「愛されている」「大事にされている」と感じることができます。まあ、水着みたいな格好で現われたら注意してあげたほうがいいと思いますが……。

彼女が変な服だったとき

あなた「あれ、その服どうしたの？」

彼女「気づいた？　こないだ買ったの。かわいいでしょ？」
あなた「中身はかわいいけど、服が負けてるなぁ！　今度俺に中身につりあうような服、選ばせてよ」

ファッションは人生と同じ、失敗と成長の繰り返し。あなたには理解できなくても、今の彼女の目には素敵な服のように映っているのでしょう。それをどう伝えたらいいのでしょうか？

鉄則は「否定しないこと」です。『プリティ・ウーマン』の中で、大金持ちのリチャード・ギアに「彼女（ジュリア・ロバーツ）に似合う最高の服を見立ててくれ」といわれた高級ブティックの店長が、**「うちの商品は最高ですが、もちろん彼女の美しさにはかないません」**と答えます。見事なヨイショですが、こうした心意気でいきましょう。**悪いのは彼女ではなく、彼女に似合わない服のほうなのです。**

そうしてやんわりと似合わないということを伝えたうえで、彼女に似合う服を一緒に探せばいいのです。

相手が髪型を変えたとき

あなた「あれ、髪切ったの？　一瞬誰かわからなかったよ」
女　子「失敗だったかなぁ……」
あなた「いや、新たな一面が表われた感じですごくいいよ。そんなに顔の形きれいだったんだね」

この際、ほめるのは顔の形でも耳の形でもなんでもいいのです。大切なのは、髪を切ったことによって女の子の新たな魅力が開発され、その魅力にちゃんと気づいてるよ、というメッセージを伝えてあげることです。

「失恋でもした？」という常套句をいいたくなる気持ちはぐっと我慢！

だいたいオヤジくさいし、万が一その子が本当に失恋していようものなら、大泣きされたりして大変なことになりかねません。気をつけてください。

相手が髪型を変えたことに気づかなかったとき

女　子「……髪、切ったんだけど」
あなた「あ、そうだったんだ！　いや、なにかきれいになったと思ってたら髪切ったんだね。あまりに自然になじんでたから気づかなかったよ」

女性は新しい髪型や洋服に気づいてもらえないと、すごく怒りますよね。男性から見れば「たいして変わってないし、気づかないよ！」と思うかもしれませんが、女の子にとっては大事なこと。少しでもきれいに見えるようにお金と時間をかけて努力してるわけです。

怒りだすのは、そんな自分の努力を認めてほしいという気持ち、あなたが彼女のことを気にかけているということを実感したい気持ちの裏返しでもあります。

つまり、**髪型などを変えたりすることには、あなたの愛の確認作業という側面もあるのです。**

ですから、こうした場面でしくじると、ことあるごとに「あなたって私が髪型変えても全然気づいてくれないし、私のことなんて興味ないんでしょ」とチクチクいわれ続けるハメになります。

ふだんから彼女の容姿には細心の注意を払っておきましょう。**「きれいになった」というのが必須ワードですよ！**

相手が少食だったとき

あなた「それだけしか食べないの？」
女　子「うん、もう食べられない」
あなた「やっぱり少食だからこんなに華奢《きゃしゃ》なんだね。奥ゆかしいなぁ」

男性でも同様ですが、女の子の中には本当に少食な子がいます。**リスのようにチマチマ食べてもうお腹いっぱい、という種類の人がこの世には実在するのです。**彼女たちは彼女たちなりに、少食であることがコンプレックスだったりするもの。おいしいものがたくさん食べたくてもすぐ満腹になってしまうし、「かわいこぶってる」と揶揄《やゆ》されたりすることもあるでしょう。

そんな女の子には、少食でもいいんだ、と思えるような暖かい言葉をかけてあげましょう。少食の人はすぐお腹いっぱいになってしまうので、ツマミであれば種類を多めに頼んでちょっとずつ食べさせてあげると彼女も楽しめるはずです。

その一方で、**少食「ぶってる」女の子も世の中にはたくさんいます。**好きな人の前では緊張して本当に食事がノドを通らないというレトロな乙女もいますが、**まあもう大人ですからね、そんなウブな女性ばかりじゃありません。**男性の前で少食のふりをするくらいのテクニックは身につけています。

いまだに世間に横行する「少食＝女らしい」という「性役割ステレオタイプ」にのっとって、まだ食べたいのに食事を半分残す、など涙ぐましい努力をしている女性もいるでしょう。実際、女性は魅力的な男性の前では女性らしく振る舞おうとして食べる量が減る、という実験結果が出ています。

それもこれも好きな人にかわいいと思われたいがため！　ですから、男性の側としてはその努力をしっかり買って、少食の女性としてのアイデンティティを実感させてあげましょう。

間違っても「またまた～こないだガツガツ食べてたじゃん」などとムダに痛いところを突いてはいけません。たとえミエミエでも笑顔で対応してあげてくださいね。

相手が太ったとき

あなた「なにか最近変わった？」（さりげなく）
女　子「わかる？　太っちゃったの……」
あなた「そう？　全然気づかなかったよ」

女　子「でも変わったっていったじゃない！」
あなた「いやなにか急にセクシーになったなって思ってたんだよ。俺、結構好きだよ」

「太った」という女性にとっては耳をふさぎたくなるような言葉も、「**セクシー**」「**グラマー**」あるいは今流行の「**カーヴィ**（**曲線的な**）」などと言い換えれば、ポジティブな印象に生まれ変わります。これまでにも、繰り返し解説してきた「M・I法」ですね。

しかし、実際太ってもいないのに気にしすぎている女性が多すぎだと思いませんか？　それを男性がさらに「そんなに食べたらまだ太るよ」「このお肉が」などとあおってしまうから、女性の不安は倍増してしまうのです。

むしろ実際に太ってしまった場合でも、とりあえず例のようにいって「そんな君でも変わらず愛してるよ」というメッセージを伝えてください。**女性が欲しいのは「どんなときでも自分を愛してくれるという保証」なのです。**女心は複雑ですからね。

では本当に彼女にやせてほしいときは？

これはかなりデリケートでデンジャラスな問題です。彼女の怒りに触れないよう、細心の注意を払いながらことを進める必要があります。**とにかく一番強調すべきなのは「ダイエットなんて必要ないよ」ということ！** 太ってるわけじゃないよ、と言葉のはしばしににじませましょう。

決してあなたのほうから自発的に「ダイエットすれば？」と提案してはいけません。「太ってるって思ってるの⁉」とキレられますよ。

「やせたい」という彼女の気持ちを聞いてから、**「別に太ってるとは思わないけど、そんなにいうのなら協力するよ」**くらいの消極的な姿勢で臨みましょう。

そして女の子の大好きな「ごほうび」作戦始動です。「やせられたらハワイ旅行」など、目の前に大きなニンジンを提示してみるのもよいかもしれません。

相手の手料理を食べたとき

あなた「おおっ、うまい！　こりゃ彦磨呂も言葉を失うね」
女　子「ほんと？　うれしい」
あなた「やっぱりキミが作ると味が繊細だね。俺とは違うよ。こんなうまいもん、毎日食べたいなぁ」

彼女が心をこめて作ってくれた手料理。たとえトーストを焼いただけ、お米を炊いただけでも、彼女の愛がギュギュッと詰まっています。

そして彼女は確実に、あなたからのほめ言葉を今か今かと待っています。無言で食べ続けたり、「この味付け、ちょっと醤油が足りなくない？」などとケチをつけてしまった日にはもう大変です。彼女は「一生懸命作ったのに！」といきり立ち、食べてる途中のご飯を下げられたあげく二度と料理を作ってくれなくなるでしょう。

そんな事態を避けるためにも、味に関係なく全身全霊でヨイショしましょう。ポイントはいうまでもなくまず味、そして料理からにじみ出る彼女らしさをヨイショすることです。

食事のときに男性が「おいしいよ」「ありがとう」などとほめてあげられるか否かは、結婚生活や恋愛関係の破綻にもつながる重要なファクターです。侮《あなど》れません。

また、**食事のあとに後片付けを手伝ってあげるのも効果的。**さんざん食べておいてあとはなにもしないなんて最悪です。後片付けまで手伝ってはじめて、彼女への愛と感謝の気持ちが伝わるというもの。面倒くさくてもやってあげましょう。

相手をデートに誘いたいとき

あなた「リアちゃんてさ、恋人と二人のときも今みたいな感じ?」
女　子「え、どうだろう。もっと甘えん坊になるかも」

あなた「そうなんだ、じゃ見てみたいからデートに誘っていい？　あ、でもそんなとこ見ちゃったらもっと君のこと気になっちゃうかもなぁ、困るなぁ」

女性をデートに誘うタイミングというのは難しいもの。

でも**最初のデートはやっぱり男性から誘ってほしいと女の子は思っています。**

ここは勇気を出して一歩踏み出してみましょう。直球もいいですが、右のように、ヨイショをまじえておどけ気味にいってみるのもいいのではないでしょうか。

ただし、そのときの言い方が重要なポイントになります。冗談ぽく軽いノリでいってしまうと、心まで軽い男だと思われてしまいます。言い方はシャイにすること！　恥ずかしそうにそっぽ向きながらも、本当は真剣にデートに誘っている、このギャップに女は惹かれるもの。素朴で無器用な感じを演出しましょう。

友達から恋人に発展させたいとき

女　子「はぁ、もうへこんじゃう」
あなた「どうしたの？」
女　子「仕事で失敗しちゃって……自己嫌悪だぁ」
あなた「そっか、大変だったね。でもほんとは見えないところでいつも頑張ってるの、俺知ってるから。大丈夫だよ」

好きな女の子が落ち込んでいるとき。

女の子には悪いですが、チャンスです。数多くの物語や体験談でも語られるとおり、人間は自己評価や自尊心が低下しているときに相手から好意を示されると、自然に相手にも魅力を感じるようになる、という研究結果が出ています。

「こんなダメな私でも認めてくれる、この人は見ていてくれる」と思うことで、ふだんの状況よりもずっと相手への好意がアップしやすいのです。この機会を逃す手はありません。というか、好きな女の子が落ち込んでいたら、かわいそうに思うし話を聞いてあげたい、慰めてあげたい、と思うのはあたり前の感情ですよね。

しかし、その場で露骨に好意を示すのは「こんなときに口説こうとしてる」と逆に嫌われてしまうので要注意です。

彼女への想いをこめて、あくまでジェントルマンとして相談に乗ってあげてください。彼女はあなたの優しさにはっとするはずです。ただしそれ以上は押さないで、彼女が落ち着いて冷静さを取り戻すまでしばらく待ちの姿勢に入るのがポイント。ただのいい人にならないように、好意をコンスタントに小出しにしていくと彼女も気づいてくれるでしょう。

彼女に浮気がバレたとき

あなた「ほんとにごめん！」

彼　女「言い訳無用！　許さないわよ！」
あなた「でも俺だって辛いんだよ。君がいつだって男にモテるから、どこかへ行ってしまうような気がして不安で……」

まぁ「何様だ」とキレられることは必至ですが、**浮気したんだからどのみち逃げられません。**今後の関係へのダメージを少しでも軽くするために、快楽目的の浮気と印象づけることは絶対に避けたいものです。

そこで、**彼女がモテモテであるがゆえに男としての存在価値がおびやかされ、不安に駆られて衝動的に犯してしまった罪であることを強調しましょう。**自分の罪を激しく後悔し、彼女を愛しすぎたゆえの哀しい犯行であった、と文字どおり土下座して謝るのです。**狙いは情状酌量です。**必要なものは腕のいい弁護士、つまり自らのヨイショと演技力！　浮気するのなら、こういう修羅場がいつ起こってもいいようにふだんからこの二つを磨いておくことですね。

では、浮気があやうくバレかけたときは？　心理学の研究によると、**相手に嫉**

妬されたときに一番してはいけないのは、「言い訳をする」「逆ギレする」「話をすりかえる」などの後ろ向きで消極的な態度なんです。これをやってしまうと、話がこじれてさらに関係が悪くなるおそれがあります。

それを防ぐためには、素直に罪を認めて謝ってしまう、というのも一つの手。下手に見えすいた言い訳をするよりはずっとましです。心から一生懸命に平謝りすれば、2回くらいまでは許してくれるかもしれません。

また事情を説明するとき、もっとも大切なのは「冷静さ」です。冷静に、詳しく説明すれば多少不自然な内容でも彼女は信じざるをえません。そもそもあなたを好きならば、信じたいわけですからね。冷静さを失わず、後ろめたいことなどなにもない、といった感じで**淡々と説明してください。**

彼女に結婚を迫られたとき

あなた「ちょ、ちょっと早すぎない?」

彼　女「そんなことないわよ！　私もうすぐ30なんだから」
あなた「もちろん俺も考えてるよ。でも、君を守れるような強い男になるまで結婚はできん！」

もう数年付き合っている彼女から結婚への圧力をひしひしと感じる……そんな男性も多いのではないでしょうか？

しかし結婚適齢期の女性には体内時計のカウントダウンがつねに聞こえているのです。早く結婚しないと子供が産めなくなってしまう……！　これは子供の欲しい女性にとっては恐怖であり、なにがなんでも結婚話をまとめてしまいたい、と思う女性も多いんですね。しかし男性にとっては一番仕事の忙しい時期。「ぶっちゃけ今そんな余裕ないんだよね」と本音をいいたいのもやまやまですが、**ここは現在の自分ではまだ彼女に釣り合う人間ではないのだ、と彼女の自尊心を刺激したうえで、強くなって君を守る！　というイメージで彼女を感動させましょう。**「強い男」という概念自体があいまいなので、2、3年は引き延ばせそうです。

プロポーズするとき

あなた「あの、これ」（指輪を渡す）
彼　女「え、これ……指輪」
あなた「君との出会いは俺の人生で手にした最高の贈り物です。君を一生愛し続ける。俺と、結婚してください」

なんだかどこかのダイヤモンド会社のＣＭみたいですが……こんな映画のようなプロポーズ、されてみたいものです。

一番理想的なプロポーズとして挙げてみましたが、**最後のセリフは心理学でいう「愛情の三角理論」というものにもとづいた言葉なんです。**愛情関係には**「親密性」「情熱」「コミットメント」**という「愛の3要素」というものがあります。「親密性」は暖かい二人のつながり、「情熱」はロマンスや性欲、「コミットメント」は二人が愛情関係にあり、これからも続いていくという公約のようなもの。

この三角形はいつでも正三角形なわけではなく、年齢とともに変容していくのです。若い頃は「情熱」や「親密性」が中心ですが、熟年夫婦になってくるとその二つは減少し「コミットメント」が中心になります。

「コミットメント」は関係の満足度に大きく影響する要素であり、結婚生活には欠かせないものであるということができます。プロポーズの際には、この3要素を言葉の中に過不足なく入れて、彼女にはなんの不安もなく身をゆだねてほしいものですね。クサくても、一生に一回のことなんだから、豪勢にいきましょう。

頑張ってください。

彼女と別れたいとき

あなた「俺たち、もうダメだと思うんだ」
彼　女「え？　どういうこと？　別れたいってこと？」
あなた「好きな人ができたとかじゃないんだ。でも……君は太陽で俺は月っていうか、まぶしすぎて辛いんだ」

嘘も方便という言葉があります。たとえあなたに好きな人ができたのだとしても、それをバカ正直に伝えて彼女を無用に傷つけるよりは、このくらい大げさな言葉で彼女を持ち上げたほうが美しく別れられるかもしれません。

どのみち彼女は泣くでしょうが、フルほうとしてはそれくらい耐えなければなりません。真実は大切ですが、ときには残酷な真実より美しい嘘を選ばなければならないときがあるのです。大人って罪作りですね。

では好きではない子に告白されたときはどう断ったらいいのでしょうか？

失恋の研究によると男性はフラれたとき、家で一人で泣いたり自棄酒《やけざけ》をあおったり、別の相手を見つけて痛手から回復しようとするのですが、女性のほうは相手を拒絶したり、友達に相談したりすることが多いのです。「ひどい！」とその場で泣かれて大変だったとか、友達にいいふらされて女子全員から白い目で見られた、という経験を持つ男性もいるのではないでしょうか。それを避けるためにも、下手なことはいわないほうが身のためです。

フラれた以上、拒否されたと感じるのは当然。「君のことは嫌いとかじゃないけど恋人としては……」とかなんとか苦しまぎれなことをいって傷口に塩をすり込むようなことをすると、余計に相手を傷つける結果になってしまいます。

それよりは、ちゃんと断ったうえで自分のことを好きだと思ってくれたことに素直に感謝し、心から「ありがとう」といってあげましょう。少なくとも、無用に相手を傷つけることにはならないはずです。

恋愛編―女性向け―男性をヨイショするには

男というものは、やたらと自尊心やプライドを大切にする生き物です。

伝統的な性役割に縛られているといえばそれまでですが、男性が「強い」「たくましい」などの男性イメージに縛られざるをえないのは、やはりそれが生物としてオスに求められる資質だからといえるでしょう。子供を産むのが女性の必須条件ではなくなった現代においても、女性としての遺伝子は「強い男を探せ！」と命じています。時代が移り変わっても、女性は自分を守ってくれる強い男性を求めるものなのです。「強い」という概念は人によって「能力がある」「お金を持っている」「マッチョである」などさまざまですが、そうした女性側の遺伝子的な要請を満たそうと男性が頑張る、というのはいつの世も同じです。男性が頑張ることによって、女性は安心して生活が送れるわけですね。

その一方で、男性にはとても弱いところもあります。木にたとえると、男性は真っ直ぐ伸びる若木のように硬く強いかもしれないけれど、嵐が来てなぎ倒され

たら再生するのには時間がかかるタイプ。強いけど折れやすいということですね。男性は弱音を吐くのが苦手だし、結婚してからはさらに対人関係が「妻子と職場だけ」になってしまいがちなので、女性より周囲からのサポートを受けにくいといわれています。

女性はというと、野草のように弱いけれど、踏みつけられてもすぐに再生できるのが強み。また生涯を通じて夫や子供だけでなく自分の親や、友人からのサポートも受けられるのでなにかあっても回復しやすいんです。

強いけど弱い、繊細な男たちをヨイショするのに必要なもの、**それは「強いと思わせてあげること」と「弱いところを母性でフォローすること」です。**男性の長所と短所を両方ケアしてあげることで、やっと男たちは心おきなく頑張ることができるのです。こうやって女性は男性を支え、同時に操ってきたんですね。

なかなか簡単にできることではないですが、**生まれ持ったあなたの母性とやさしさをもって、彼らを励まし、ときには叱ってたくましい男に育ててあげてください。**男を生かすも殺すも女しだい！　お互い頑張りましょう。

相手のファッションをほめたいとき

あなた「あれ、なんか今日は違う感じ」
男　子「そう？　ちょっと気合入れてみた」
あなた「いい感じだね！　アキラ君の背の高さが生かされてて」

人にはなにか一つくらいはいいところがあるもの。**背は高いけど顔はね……という人だって、とりあえず背が高いということはヨイショできます。**ファッションの系統自体はそれぞれの趣味なのでそこは触れないことにして、その人の身体的特徴や内面的なよさを取り上げましょう。

たとえば「**肩幅の広さが**」「**やさしい感じが**」などなど。上っ面なようですが、実際その人のいいところを探そうとするので、悪いことではないですよね。探そうとすることで、今まで見えなかった彼のいいところが見つかるかもしれないし、相手との距離を一歩縮めるにはちょうどいいでしょう。こういうセリフをさらっといえると、大人の余裕が垣間見えてかっこいいですよね。

相手の体型をほめたいとき

あなた「マサハル君て余計な贅肉《ぜいにく》がついてないところがいいよね」
男　子「でもそのかわり筋肉もないけどね。もやしっ子だから」
あなた「そうかなぁ？　私ほっそりしてる人好きだけどな」

世の中には細い人、マッチョな人、太ってる人、いろんな体型の人がいます。そして人の好みもそれぞれです。太めな身体に安心感を覚える人もいれば、ガリガリなほうがかっこよくて好き、という女性もいます。

ただあなたがどんな好みを持っていたとしても、**それをはっきりいってしまうよりは、今のままの彼を評価してあげたほうが人と地球にやさしい態度といえるのではないでしょうか。**ガリガリさんは「**ほっそり**」「**すらっとしてる**」、太っている人は「**クマさん**」「**お腹触りたい**」、マッチョさんは「**たくましい**」「**キレてるよ！**」など、**その人の持っている**「**特徴**」**を**「**特長**」**に変える言葉を探しましょう。**

相手がウンチクを語ったとき

男　子「……、それで種はその実の中に入ってるってわけ」
あなた「すごーい！　物知り！　ヨシアキ君てなんでも知ってるんじゃない？
　尊敬しちゃうな～」

男性というのは、なぜかウンチクが好きなものです。やたらと著名人の格言や四字熟語、マンガの名ゼリフを引用したがったりしませんか？

女性には「またいってるよ」くらいにしか思えませんが、**男性にとっては得意になり恍惚《こうこつ》とする、えもいわれぬ瞬間なのです。**

というか、まあつまりはいいたいだけなんですね。そんなとき、「ハイハイわかったよ」「それ前にも聞いた！」などと邪険にしてしまうと、彼の自尊心は粉々になってしまいます。

内容は聞き流してもいいですから、とにかく**「物知り！」「博識！」「ウォーキングディクショナリー！」**などと思いつく限りのヨイショをしてあげてください。**彼は鼻高々となり、自分自身の知識に満足することでしょう。**

そういう人と出会ってしまったのです、もう覚悟を決めてウンチクに付き合いましょう。でもウンチクは伝染《うつ》るので、くれぐれもご注意を！

彼氏が大食いだったとき

あなた「すごい食欲だね。見てるこっちがお腹いっぱい」
彼　氏「あーうまいもん食ってるときが一番幸せだ！」
あなた「私はカズオ君がご飯食べてるとこ見るのが一番幸せだな。この人な

ら大丈夫って思えるんだ」

男性がご飯を食べているのを見るのが幸せ、という女性は多いですね。女性が一生懸命男性のために食事を作るのも、その姿が見たいから、ともいえます。**がつがつとワイルドに食事をする姿は、「男らしい」という男性性の典型的なイメージを体現しているので女性から好かれるのでしょう。**

かたわらで見ていて気持ちいいほどの食欲で食事を平らげる姿って、体力や欲望を感じさせてセクシーじゃありませんか？　食欲と性欲がつながっているというのも、あながちわからない話ではありませんよね。**たとえ少々食べ方が汚くても、彼の無邪気さとオスの部分に注目しておおらかにほめてあげましょう。**食べ方についてはこれからやんわり注意していけばいいのです。

相手をデートに誘いたいとき

あなた「へえ、アキラ君てアートとか興味あるんだ、意外！」
男　子「よく一人で美術館行ったりするよ」
あなた「そうなの？　私も行きたいんだけど友達に好きな子がいなくて。お勧めの美術展あったら連れてってくれる？」

女性からデートに誘うのってけっこう勇気が要ります。なにか恥ずかしいし、断られたら落ち込んでしまいます。でも、彼とデートしたい！　そんなときは、彼の興味のある分野を探るようにしましょう。

スポーツでもアートでも、なんでも大丈夫。たとえ自分はまったく興味がなくても、「行ったことないから行ってみたい」という意思表示はできるもの。彼と一緒なら、ルールも知らない野球の試合でも楽しいものです。最後の「連れてってくれる？」は彼との関係性によっては省略してもかまいません。

もし彼があなたに興味があるなら、彼のほうから誘ってくれるはずです。彼がシャイでいいだせなさそうだったり、まだそれほどあなたに興味がなさそうで誘ってこないならば、自分からかわいくお誘いしてみましょう。いきなり好きでもないディズニーランドに誘われるよりは、断られる可能性はずっと低いはずです。

友達から恋人に発展させたいとき

あなた「あー酔っぱらっちゃった。帰りたくないな〜」
男　子「え、じゃカラオケでも行く？」
あなた「うーん、いい。それよりゆっくり話したい」
男　子「そっか、どこがいいかな……」
あなた「ノブ君、最近私が一番幸せなときってね、ノブ君といるときなんだ。今みたいに」

男友達から恋人に発展させたいとき、彼がなかなかいいだしてこないのならば、あなたがきっかけを作ってあげるほかないのです。はっきりと告白する必要はありません。やはり肝心なところは男の人にいってほしいものですしね。あなたがすべきことは、まず酔っぱらって本心をいいやすい雰囲気に持っていくこと。酔ったフリでもかまいません。

そして、帰りたくない、もっと彼と一緒にいたいというメッセージを送ります。彼もあなたに気があるのならば、この時点でなんらかのアクションを起こしてくれるはずですが、**それでも友達的な言動を繰り返すのであれば、もう一押ししてみましょう。**「好きです」のような直球な言い方でなくても、彼があなたにとって大きな存在であるということを伝えれば、鈍感な彼もあなたの愛に気づくはずです。

告白されて傷つけないように断りたいとき

男　子「お、俺……君のことが好きなんだ！」
あなた「えっ……」
男　子「前からいおうと思ってたけどいえなくて……やっぱりダメだよね」
あなた「……ごめんなさい！　でもこんな私でもそんな風に思ってもらえて、とってもうれしかった。ありがとう」

人に愛を告白するときは期待と拒絶されることへの恐れ、恥ずかしさでいっぱいです。勇気を振り絞って告白した彼を無用に傷つけないためにはどうしたらいいでしょうか？

「受け入れること」と「受けとめること」は似ているようで違います。

たとえ告白には応えられなくても、彼の気持ちを真摯に受けとめてあげることはできます。**相手が誰であっても、嫌悪感を示したり、受け流したりしないこと。**

想いには応えられないけど、ちゃんと受けとめたよ、ということを心をこめて伝えましょう。

変に「あなたみたいに素敵なら他にいい人が見つかるよ」などとわざとらしいヨイショをしてしまうと、彼は余計辛くなってしまいます。

ここは相手を持ち上げるヨイショは使わず、「こんな私でも」とへりくだりのヨイショをしましょう。

彼氏になにか買わせたいとき

あなた「ねえ、○○君てすごいと思う。仕事も遊びも手を抜かないでいつも全力投球だよね」
彼　氏「そんなことないよ、実際疲れてるし」
あなた「ううん、私にはできないもん。この人なら頼れるって感じ」
彼　氏「どうした急に」

あなた「前から思ってたの。私○○君と付き合ってよかった！　あ、これかわいい♥」（バッグを指差して）

恋人になにかを買ってほしいとき、そのぶん彼にも別の形でサービスするのは対等な恋人関係として当然のことですね。

買ってもらうぶん、あなたは彼になんらかの形でお返ししなくてはなりません。こういうときは古典的な手ですが、彼をヨイショするのが一番手っ取り早いやり方です。

心理学の研究によると、**男性は恋愛関係の中で、自分が女性よりも優れていると思えないと落ち込んでしまうのです。**

男は、強いように見えて脆《もろ》い生き物です。自分が彼女を守ってあげられるような強い男だと実感できないと、自信を失ってしまうんですね。

そんな傷つきやすい彼のプライドをあなたが回復させてあげる、と思えば多少大げさにヨイショすることも可能でしょう。

彼が人として、男として優れていると思わせて、尊敬の念をにじませましょう。

彼がいい気分になったところですかさず「これかわいい～ほしい！」といえば成功率は高いかもしれません。ただし、あくまでそれと悟られないように自然にすることが大切です。

彼氏が仕事のグチをいってきたとき

あなた「それはひどいよね」
彼　氏「でしょ？　それで今日も残業でさ。課長は飲みに行ってるっていうのに」
あなた「大変だったね。でも仕事任されるのは信頼されてるからだと思うよ？　さ、今日はビールでも飲んで忘れよう！」

彼氏の延々続く仕事のグチ、これは切り上げどきに困るものです。

聞いてるこちらも疲れますが、彼もきっといえばいうほど、すっきりすると同時に嫌な気持ちになっていくはず。グチや悪口とはそういうもの、作用も副作用もあるのです。

仕事の疲れがプライベートに持ち込まれて関係悪化につながることを**「ネガティブ・スピルオーバー」**といいます。

この悪循環を断ち切るためにも、ひとしきりグチを聞いたらしっかり慰めて彼の自信を回復させ、話をスパッと切ってしまいましょう。

男性は「お酒を飲む」「賭事をする」など、快楽に走ることでストレスを解消するパターンが多いので、**明るくかわいく「パーッと飲んで忘れよう」的な展開に持っていけば彼もきっとお酒の力で元気になるはずです。**

彼氏が浮気をしていそうなとき

あなた「ねえ、ちょっといい？　このメール、気になるんだけど」

彼　氏「え？　なに？」
あなた「『また二人で出かけようね』っていうの。この子と二人で出かけたの？」
彼　氏「え、いやこれはね。うん。そうなんだけど、別に変な意味はないよ。ただ飲みに行っただけ」
あなた「そう。でもやっぱり他の子と二人で出かけるのは嫌だしやめてほしい。○○君のこと本当に好きだから」

相手が浮気をしているのではないかと思ったとき、あなたならどうしますか？逆上して問いつめる？　あてつけに別の男と浮気する？　それとも下手に出てすがる？

今挙げたもの、すべてバツです。問いつめれば逆ギレされるかもしれません。あてつけは、もちろんお互いにとってなにもいいことはないですよね。下手に出るのも悲しすぎるし、彼はもっと調子に乗るでしょう。

もし彼に本当に変わってほしいのなら、いくら悔しくても腹が立っても、まずいったん冷静になること。そのうえで、自分の気持ちをちゃんと彼に伝えてください。ことの経緯をしっかり説明してもらい、納得いくまで話し合う。

そして、もう同じことはしないでほしい、次やったら別れる、などの意思の表明をするのです。

逆上するよりも、静かに怒るほうが迫力があるものです。

愛ゆえの嫉妬だということを伝えても彼の誠意が見えないのであれば、もう付き合っている意味はありません。彼と自分の気持ちにお別れを告げたほうが身のためかもしれないですよ。

妻のいる男性と付き合いたいとき

あなた「課長って奥さんと仲いいんですか?」
課　長「いや、まあ普通だよ」

あなた「課長って仕事できるしやさしいし、奥さんも素敵な人なんでしょうね。嫉妬しちゃうな、私」（じっと見つめる）

世の中の人があたり前に感じていることとして、「素敵な人には素敵な恋人がいるだろう」というイメージがあります。あるいは逆に「恋人がいるのだから素敵な人なのだろう」とか。

前者は「**ハロー（後光）効果**」といって、「美人だし性格もいいだろう」「かっこいいからやさしいだろう」などのように、外見的な印象からその人を判断する現象のことです。後者は「恋愛ポジティブ幻想」といって、「恋人がいる人は素敵な人」というステレオタイプ的なイメージがそうさせているのです。

あなたにとって奥さんはライバルですが、対抗心むき出しはちょっと大人気ないかもしれません。上記の理論を利用して課長だけでなく奥さんのこともヨイショすることで、余裕をチラ見せしましょう。

プロポーズするとき

あなた「ダイキ君といるとほんとに安心するなぁ」
彼　氏「俺も。落ち着くよね」
あなた「おじいちゃんとおばあちゃんになっても、ずっとこんな感じでいられたらいいな」

女性からプロポーズすることに抵抗がある人、多いですよね。たしかに、**キメのセリフは彼にいってほしいもの。**でも待っていても彼がいってくれないのならば、もうこちらからいってしまいましょう。将来もあなたと一緒にいたい、という気持ちが伝わればいいのです。「おじいちゃんとおばあちゃんになっても」のようなほんわかした言い方であれば、かわいい感じで伝えることができるでしょう。

彼氏と別れたいとき

あなた「ごめんなさい。別れてください」
彼　氏「えっ。どうして急に」
あなた「あなたは仕事が忙しいし、私も余裕ないし。あなたの足手まといになりたくないの。もっとあなたを支えてあげられる人を見つけて！」

一度でもフラれたことがある人ならば、フラれる辛さは身にしみてわかるでしょう。でも悲しいかな、人生にはこういう局面もあります。正直に理由をいうのもありですが、無駄に問題をややこしくして今までの彼との時間を台無しにしてしまうような残念な結末になるのは避けたいですよね。

ここはあなたが忙しい彼を支えることができなかった、ということにして、彼を持ち上げましょう。

いろいろこれまでの経緯があるでしょうが、最後くらいは水に流して、「自分がダメだから」ということにしてしまうのです。そうすることで、彼へのダメージが多少は軽くなるはずです。思い出は思い出のままで、きれいに終わりたいものですよね。**別れ話はエネルギーが要るもの。頑張ってください。**

おわりに

どうでしたか？　著者一同が自信をもってお届けした本邦初のヨイショの解説書。頭がよく、飲み込みも早いみなさんのことです。きっと、一読してヨイショの達人、上級のヨイショニアになってしまったことでしょう。あとは、海でも山でも好きなところでヨイショがし放題ですね。

しかし、最後になってこんなことを書くのも気が引けるのですが、ヨイショは万能ではありません。

ヨイショだけですべての人間関係がなんとかなるほど世の中は甘くはないのです。

もちろん、本書では徹頭徹尾、真面目に、かつ真顔でヨイショというものを解説してきました。ここで紹介したヨイショというのは、じつに実用性が高いものです。

ですが、本当はそれだけじゃダメなのです。では、他になにが必要なのか？

人間関係においてもっとも大切なポイントとはなにか？

わかりません。最後になんかカッコいいことを書いて、本書の品格を10倍にしようと試みたのですが、どうやら著者一同には荷が重すぎたようです。

ただ、ことヨイショに関していえば、「もっとも大切」とはいえないまでも、人間関係において一つの潤滑剤になることは間違いありません。

とくに本書で紹介した技法は、潤滑剤の中でもかなりヌルヌルの部類に入ります。潤い不足の人間関係に、かなりの効果を上げることでしょう。ぜひ実際のご使用をおススメします。その使用感に驚くことうけあいです。


最後に、本書の制作にあたっては、草思社の碇高明さん、オフィスマツオの松尾宣政さんに、大変お世話になりました。心よりお礼を申し上げます。そして、ここまでお付き合いくださった読者のみなさまに。

「こんな本を最後まで読むなんて、さすがです！」

グループ・ニヒト

文庫版のおわりに

奇跡が起きたのだといえるでしょう。

出版当初から各方面に反響を巻き起こし、地上波のテレビにも取り上げられ、一部からは「ふざけるな！」と言われた『ヨイショの技法』が『銃・病原菌・鉄』といった名著燦然と並ぶ草思社文庫の一冊に加えられることになりました。ついに我々グループ・ニヒトはジャレド・ダイアモンドと肩を並べたわけです。

そんな感慨のもと、文庫化作業のため改めて本書を読み返してみたわけですが驚きました。十五年前の本であるにも関わらず、全く内容が古びていないのです。例文に出てくるゲーム機がプレステ2であり、野球選手がイチローであり、映画が『トップガン』だったとしても、全く古びていない。

むしろ、こうした懐かしい固有名詞があたかも樽の中で熟成を重ねたかのごとき芳醇な語気をもって内容に花を添え、『トップガン』は三十六年ぶりに続編が公開されるという結果になっている。

本書の内容の永遠不滅性がここに証明されたわけです。


そして、最後に真面目に書いておくと（これまでももちろん真面目でしたが）、実際問題、「相手の気分をよくし、好意を勝ちとるための技術」であるヨイショは、この十五年間で思わぬ形で切実な意味を持つことになりました。

SNSの普及により、「論理より感情」という人間の真実がむき出しの形で社会を動かすことになり、人々もそういうものだと認識するようになったからです。現代は「お気持ち」の時代なのです。

ここで注目すべきは、正しさを振りかざす「意識高い系」より、絶えず上司や取引先のご機嫌（つまり感情）を伺う平凡なオジサンのほうが、よほど本質的で現代的な存在だという事実が明らかになったこと。

「お気持ち」の時代の正解は、あきらかにロジカルシンキングなんかよりヨイシヨなのです。

だとすれば、ここで今一度、ヨイショという古き良き生存戦略を振り返ってみることにも、きっと意味があるに違いありません。これは割とガチでそう思うのです。

新たに文庫としてよみがえった本書がそのきっかけとなったとしたら、これに勝る喜びはありません。

十五年後のグループ・ニヒト

無職「自由人」「家事手伝い」
無神経「ストレートな人」
無責任「自由」
無謀な人「チャレンジャー」「ギャンブラー」
メガネの人「萌え」「理知的」
目が悪い「目つきが鋭い」「読書家」

や

やせすぎ「細い」「仏陀」「骨が綺麗」
ヤンキー「ワイルド」「尾崎っぽい」
優柔不断「沈思黙考が似合う」「参謀型」「慎重」
妖怪っぽい「涼しい風が吹いてる」「人目を引く」

ら

理屈っぽい「理論的」
リストカッター「傷つきやすい」「悩み多き人」
老人「長老」「人生の先輩」
浪費家「江戸っ子」「太っ腹」

わ

わがまま「姫」「神田うの」
ワンマン「リーダーシップがある」「剛腕」「教祖」

早口「頭の回転も速い」
ハレンチ「フレンチ」
卑怯者「スネオ」「機転が利く」
独り言が多い「自分の世界を持ってる」「サトラレ」
病弱「可憐」
日和見主義者「現実主義者」
ヒラ社員「最前線の企業戦士」
貧乏「庶民的」「自由」「プロレタリアート」
ブス「性格がいい」「個性的」「かわいい」
フリーター「自由人」「FA・フリーエージェント」
ペーパードライバー「最も地球にやさしい運転手」
変人「個性的」「独創的」「小泉純一郎」「天才」
変態「アブノーマル」「多趣味」「極北」
傍若無人「オレ流」
暴力的「ワイルド」「ロック」
ホームレス「自由人」「その日暮らし」
ボケ「天然ボケ」「不思議ちゃん」
凡人「常識がある人」

ま

マザコン「母親を大事にしてる」
真面目「きちんとしてる」「勉強家」
マゾヒスト「右のほほを打たれて、左のほほを出す人」
麻薬中毒者「夢見がちな人」「アーティスト」「ヒッピー」
未熟者「将来が楽しみな人」
水虫の人「細菌にやさしい」

な

泣き虫　「人情家」
鍋奉行　「シェフ」「マエストロ」
なまけもの　「スローライフ」
成金　「セレブ」「ヒルズ族」「ラグジュアリー」
ナルシスト　「自己肯定的」「ガックン」
ニート　「自由人」
肉体労働者　「技術者」
二次元好き　「次元が違う」
日本人　「サムライ」「なでしこ」
日本茶　「グリーンティー」
能天気　「楽天的」

は

バカ　「純粋」「純朴」「天才」
バカップル　「ジョンとヨーコ」「ロミオとジュリエット」「うしおととら」
ハゲ　「ブルース・ウィリス」「前のニコラス・ケイジ」「ルー・テーズ」
パシリ　「やさしい人」「フットワークが軽い」
バツイチ　「人生経験が豊富」
八方美人　「顔が広い」
派手　「きらびやか」「存在感がある」「ゴージャス」
話が長い　「演説家」「話がうまい」
話ベタ　「聞き役」「シャイ」「人見知り」

地味「落ち着きがある」「ひかえめ」
社長「CEO」
住所不定「旅人」「自由人」
神経質「多感な人」「繊細な人」
ずる賢い人「策士」「軍師」「諸葛亮孔明」
背が高い人「大人物」
背が低い人「ポータブル」
セックス依存「恋に生きる」

た

大根足「サリーちゃん」「足が真っ直ぐ」
大食漢「フードファイター」「ギャル曽根」
妥協する「コンセンサスを得る」
ダサい「流行にとらわれない」「個性的」
タダ「Priceless」
だらしない「片付けられない症候群」「下僕が必要」
デブ「グラマー」「カーヴィボディ」「癒し系」
天然パーマ「カーリーヘア」「パーマかけなくていい」
天然ボケ「癒し系」「不思議ちゃん」「ゆうこりん」
電話魔「寂しがりや」「電話会社のお得意様」
童貞・処女「運命の人を待ってる」「開発の余地がある」「難攻不落」
毒舌「歯に衣着せぬ物言い」「率直な物言い」
友達がいない「一匹狼」「孤高の人」「ランボーみたい」
トロい「スロースターター」「大器晩成型」「木馬」
泥棒「義賊」「ルパン」「ルパン三世」

毛深い 「野性的」「ヘアリー」「クマさん」

公務員 「公の奉仕者」「ちゃんと年金払ってる」「堅実」

強欲 「出世しそう」「しっかりしてる」

ごくつぶし 「ニート」

コスプレイヤー 「かぶき者」

個性がない 「常識がある」「何色にも染まる」

子供っぽい 「ピーターパン」「マイケル・ジャクソン」

小太り 「ぽっちゃり系」「触りたい」「小兵」

ゴマすり 「ヨイショ」

怖い人 「男気がある」

さ

詐欺師 「言葉の魔術師」

酒癖が悪い 「酒豪」「飲んだらすごい」

貞子 「髪が綺麗」

サディスト 「女王様」「お代官様」

寒がり 「女らしい」「暑さに強い」

サラリーマン 「オフィス・ワーカー」「貴重な歯車」「最前線の戦士」

字が下手 「個性的な字」

仕切り屋 「リーダー」「この人がいなきゃ始まらない」

自己中 「マイペース」「ポリシーがある」

仕事が遅い 「丁寧」

仕事人間 「働き者」「会社に必要な人」

時代遅れ 「古き善き」「昭和の香り」「大正ロマン」

死にぞこない 「長生き」「後期高齢者」

おせっかい　「世話好き」
おたく　「Aボーイ」「サブカル好き」「電車男」
落ち着きがない　「行動的」「フットワークが軽い」
おばさん　「熟女」
オヤジ　「働き盛りの人」「ダンディズム」
オヤジギャグ好き　「ユーモアがある」「知性を感じる」
音痴　「熱唱系」「編曲家」
女にだらしない　「プレイボーイ」「モテる」「007」
「ダイ・アナザー・デイ」

か

外国かぶれ　「舶来好き」「海外通」「国際派」
がさつ　「男らしい」「ワイルド」
かっこ悪い　「底光りするかっこよさ」
加齢臭　「なつかしいパパの匂い」「カリー臭」
かわってる　「オリジナル」「マイウェイ」「天才」
気が弱い　「心のやさしい人」
偽善者　「善人」「困ってる人をほっとけない」
「本物の悪魔」
気分屋　「多感な人」「天才」
巨乳　「いい」
キレやすい　「キケンな男（女）」「キレもの」
空気が読めない　「人目を気にしない」「マイペース」「天才」
臭い　「存在感がある」「男の匂い」
「匂い立つようないい女」
ケチ　「節約家」「エコロジスト」

M・I辞典

M・I辞典

あ

愛煙家 「シブい」「カストロみたい」「ハードボイルド」

愛想がない 「クール」「媚びない」

青二才 「若々しい人」「初々しい人」

悪趣味 「独自の美意識を持っている人」

悪人 「既成の価値観にとらわれない人」

暑がり・汗っかき 「自家発電」「みずみずしい」

厚化粧 「化粧がうまい」「匠の技」「叶姉妹」

暴れん坊 「ストリート・ファイター」「タカ派」

脂ぎったオヤジ 「脂ののっている人」「精力的」「防水加工」「撥水加工」

慌てん坊 「行動的な人」「スピードキング」

意地悪 「厳格」「いけず」

田舎臭い 「素朴」「ナチュラル」「ロハス」「テキサス」

浮気者 「博愛主義者」「フランス人みたい」「イタリア人みたい」

運動音痴 「文化系」

エイリアン 「コスモポリタン」「プレデターと互角」

エロい 「情熱的」「英雄の証」「イタリア人みたい」「フランス人みたい」

エロおやじ 「情熱的中年男性」「モテそう」「チョイワル」「高田純次」

臆病者 「慎重な人」「ハト派」

おしゃべり 「雄弁」「にぎやか」「かしまし娘」「今でいうと森三中」

*本書は、二〇〇九年に当社より刊行された著作を文庫化したものです。

草思社文庫

ヨイショの技法
大人の人間関係をつくる方法

2023年２月８日　第１刷発行

著　　者　グループ・ニヒト
発 行 者　藤田 博
発 行 所　株式会社 草思社
〒160-0022　東京都新宿区新宿1-10-1
電話　03(4580)7680(編集)
　　　03(4580)7676(営業)
　　　http://www.soshisha.com/
本文組版　有限会社 一企画
印 刷 所　中央精版印刷 株式会社
製 本 所　加藤製本 株式会社
本体表紙デザイン　間村俊一

ISBN978-4-7942-2633-4　Printed in Japan